大和総研コンサルティング本部 ［編］

この働き方改革が
企業と従業員を変える

ぜひ取り組みたくなる
成功の ③ カ条

中央経済社

まえがき

　元号が令和と変わり新たな時代が幕を開けようとしている。平成元年生まれ世代が30歳となり，将来は企業の中核人材として期待が高まるところである。

　人生100年時代を迎え，65歳定年，そして70歳までの継続雇用が視野に入る。すでに『働き方改革』，『女性活躍』，『シニア活躍』，『健康戦略』などの施策は，企業にとって日常的な対応となりつつある。AI（人工知能）やロボット，ITの技術革新により，一部の職種では消滅や再編も想定されている。

　このような変化に対して，人材の育成や人材の活用をどのようにマネジメントしていくかは，企業にとって重要な戦略の1つであると解するところである。

　企業経営は人材がすべてといわれつつも，人事制度改革は事業戦略や製品開発の後塵を拝してきた感が強い。

　本書においては従業員満足度を高めることが顧客満足度の向上につながり，結果として企業価値の向上につながるというコンセプトを提唱している。人材を取り巻く環境と課題，そして今後の人事制度の行方について大胆な考察を試みた。さらに，直近の当社におけるコンサルティングの事例にも触れている。

　事例企業においては当初新卒社員が確保できない，離職率が高い，残業時間が多い，人事評価に不満があるなど，多くの企業に共通する悩みを抱えていた。こうした課題を克服できたのは，魔法の杖やウルトラC的な改革があったわけではない。課題を的確に捉え，未来志向で知恵を絞った施策を着実に実践したからに他ならない。

　現在大和総研のコンサルティング本部においてはSDGsの8番目，「働きがいも経済成長も」に注目している。働き方を変え，従業員が達成感を得る仕組みが回り始めれば，労働時間の短縮と昇給が実現し，企業業績の向上につながるはずだ。

本書の内容はすべて実際のコンサルティングを通じて練られたソリューションとコンテンツである。企業の経営層や管理職の方々が改革の方向性や具体的な施策を検討する際に，微力ながらも貢献できれば幸いである。事例の開示を快く承諾していただいた企業の関係各位には，この場を借りて厚く御礼申し上げる次第である。

　令和元年5月1日

株式会社大和総研
コンサルティング本部

常務執行役員　**鈴木　潤**

目　次
この働き方改革が企業と従業員を変える

まえがき・i

第1章　人材を取り巻く環境の変化

1 │ 採用激変！　10月1日の内定式に出席予定者が来ない！ ………2
- (1) 学生に有利な売り手市場　2
- (2) その採用戦略は本当に正しいか　3
- (3) 採用難航中の企業がすべき3つのこと　4

2 │ 総論賛成・各論異議ありの「働き方改革」 ……………………5
- (1) 働き手を増やすためにも働き方改革を！　5
- (2) 過剰な子育て支援制度に対する周囲の不満　6

3 │ 「残業なし，ノルマなし，転勤なし」企業が選ばれる時代 ……8
- (1) 休みは取れて当たり前，長時間労働はもってのほか　8
- (2) 人気の職種は事務職　9
- (3) 転勤の辞令を出したら，「辞めます」―仮面総合職　9

4 │ 「憧れる上司や先輩がいません」 …………………………12
- (1) 若手女性の懸念―ロールモデルがいない　12
- (2) 年功序列企業に起こりがちな，非効率な中高年社員問題　13

5 │ 増加する「若年転職」 ………………………………14
- (1) 働き方の改善を求めた転職―よりホワイトな企業へ　14

(2) 出産・育児をきっかけとした転職　14

(3) ホワイト企業でも増えている!?
　　給与UPと成長機会を求めた転職　15

6 ┃ 優秀な従業員ほど，いつでも転職できる状態にある ………… 17

(1) 転職サイトへの登録―オファーが鳴りやまない　17

(2) どの年齢層でも優秀な人は求められる　18

7 ┃ 30代の人材が圧倒的に不足 ……………………………… 19

(1) 就職氷河期と新就職氷河期　19

(2) 転職市場での奪い合い　20

8 ┃ 定年延長と世代交代の難しさ …………………………… 21

(1) 労働力の確保〜役職者だった人が，一兵卒になりえるのか？　21

(2) 次世代育成　21

9 ┃ 改めて問われる管理職と専門職の役割の違い ………………… 23

(1) 現在の管理職はマネジメント適性がある人か　23

(2) 超一流のプレイヤーこそ専門職に　24

10 ┃ 夫婦で稼ぐが当たり前の時代 ……………………………… 25

(1) ダブルインカムがスタンダードの時代　25

(2) 夫婦共働きは出世しなくても，老後安泰。
　　危惧される女性管理職比率　26

第2章　企業が直面する人事の課題

1 ┃ 迫りくる要員構造の大問題 ……………………………… 30

(1) 年齢構造の変遷と部長クラスの仕事ぶり　30

（2） 要員構造の考え方としての人材ポートフォリオ　31

2 │ 不満噴出の人事評価 ……………………………………………… 33
（1） 従業員の本音　33
（2） 人事評価の評価項目とその伝え方　36

3 │ 『女性活躍』に死角はないのか ……………………………… 36
（1） 女性活躍推進の政策動向　36
（2） 女性活躍状況の見える化　37
（3） 女性活躍推進に関する企業の実態　38

4 │ 勘違いの「健康増進」 …………………………………………… 39
（1） なぜ「健康経営」の推進が求められるのか　39
（2） 健康経営の意義と効果　41
（3） 顕彰制度としての「健康経営銘柄」とその効果　41
（4） 「健康経営」についての本音　44

5 │ 現役世代から疑問視される「高齢者再雇用」 ……………… 45
（1） 高齢者再雇用に関する法律の変遷　45
（2） 高齢者人材の魅力と課題　47

6 │ AI・ITは働き方を変えるのか ……………………………… 50
（1） ITの活用が変える職場　50
（2） テレワークの広がり　50
（3） テレワーク利用の課題とその対応　51
（4） AIの導入による自動化の進展　52

7 │ 避けて通れないハラスメント問題 …………………………… 55
（1） ハラスメントの歴史　55

IV

　　(2)　ハラスメントの定義と分類　55

　　(3)　ハラスメントの防止・対応方法　57

第3章　2040年，AIの力で大転換を遂げる人事制度の考察

1│2040年ショック ………………………………………………… 60

　　(1)　AIが人類の知能を超えるか　60

　　(2)　人材の分水嶺　61

2│変貌する人材の地政学 ……………………………………… 63

　　(1)　消滅する仕事　63

　　(2)　現状維持の仕事　64

　　(3)　新しく生まれる仕事　64

3│AIで人事管理が変わる ……………………………………… 67

　　(1)　従業員満足度が最重要の経営指標に　67

　　(2)　人事データの高度活用　68

　　(3)　従業員が人事制度に真剣な関心を寄せる　69

4│人生100年時代と定年制廃止 ……………………………… 71

　　(1)　65歳定年延長　71

　　(2)　2040年に定年制廃止か　72

　　(3)　平均寿命は100歳へ　73

5│「ゆとり世代」の台頭 ………………………………………… 75

　　(1)　ゆとり世代のイメージが逆転　75

　　(2)　ゆとり世代への期待　76

　　(3)　そして新元号世代へ　77

目　次　V

6 | キャリアプランとライフプラン ································ 78

(1) 人生設計の重要性　78

(2) キャリアプランは期待先行がよい　79

(3) ライフプランとキャリアプランはバランスが大切　80

7 | 報酬制度の行方 ·· 82

(1) 初任給という考え方が後退する　82

(2) 報酬制度は限りなく年俸制へ　82

(3) 諸手当・退職金の未来　84

(4) 少なすぎる昇格昇給と意外に短い昇格インセンティブの
賞味期限　85

8 | 時代が変化しても最難関の評価制度 ··················· 87

(1) 難攻不落の人事評価　87

(2) 目標管理制度を人事評価から切り離す　88

(3) AIの支援で評価エラーは激減する　90

9 | リーダーシップ ·· 93

(1) 牽引型からコーチング型へ　93

(2) メンター型リーダーの可能性　95

10 | 注目を浴びるリベラルアーツ ······························ 97

(1) リベラルアーツとは　97

(2) なぜリベラルアーツが注目されるのか　97

(3) リベラルアーツの未来　98

11 | 色褪せないコミュニケーション能力 ···················· 100

(1) ますます重要度を増すコミュニケーション能力　100

(2) 物事の起点はコミュニケーションから　100

VI

　　(3) コミュニケーションが組織や人を動かす　101

12 ｜ 働き方改革とSDGs ……………………………………………… 103
　　(1) 働き方改革は始まりの終わり　103
　　(2) 人事部への大いなる期待　105

第4章　「働きやすい職場環境づくり」への全社プロジェクト ──株式会社KSK

1 ｜ 経営の3つの基軸を支える基本戦略「チーム制」……………… 110

2 ｜ 経営の基軸に紐づく働きやすい職場環境づくり ……………… 113

3 ｜ 品質向上プロジェクト─『KSKかがやきプロジェクト』─…… 116

4 ｜ "品質クレド"の浸透へ ……………………………………………… 119
　　(1) 『匠カード』キャンペーン　119
　　(2) 『匠カード』─"品質クレド"の浸透プラスα　122
　　(3) 『品活川柳』キャンペーン　123
　　(4) 『品活川柳』─あふれる遊び心　124
　　(5) 『品活川柳』─研修としての効果　124
　　(6) 『品質OK？』キャンペーン　125
　　(7) 『品質OK？』─指摘し合える風土に　128
　　(8) 『品質OK？』─ガバナンス面での効果も？　129

5 ｜ 「働きやすい職場環境」の追求 …………………………………… 132
　　(1) KSKの考える「働きやすい職場環境」─フラットな組織　132
　　(2) 時代環境・状況にあった変化を　132
　　(3) 固有の事情によるものか　133

目　次　　VII

6 続・"品質クレド"の浸透へ─『ヨクスル』活動 ……………… 134

(1) 『ヨクスル』─社員1人ひとりが最終責任者　134

(2) 『ヨクスル』─起源となった『管理本部サクサク提案運動』　135

(3) やりがいを感じさせる　135

(4) 変えていくことを習慣に　136

7 自社の良いところを再認識してさらに磨きをかけるために─
『KSKブランディングプロジェクト』……………………………… 137

(1) 『ブランディングプロジェクト』─ここでも社員が主導。自律した人材の育成へ　137

(2) 手作り感あふれる具体的な活動　138

(3) ブランドの浸透へ─『ブランディングエッセイコンテスト』　140

(4) 『ブランディングプロジェクト』─社員が誇りをもつこと　143

(5) ブランディング活動に必要な"題材"は　144

8 続・「働きやすい職場環境」の追求─ゴールは「生き生きと前向きに」……………………………………………………………… 146

(1) 各イベントに参加しようと思うこととは　146

(2) 『人生100年時代』─何年働き続けることができますか　146

9 これまでの取り組みの結実と将来に向けての好循環へ：新卒採用─『インターンシップカフェ』…………………………………… 148

(1) 豊富なアピール材料　148

(2) 実際に行われているものであることこそが強み　149

(3) ミスマッチの防止・高い定着率　149

(4) 好業績を支える人材の確保　151

(5) 「正しいこと」に取り組んで来た1つの成果　151

10 最後に─各社での取り組みに向けて ……………………… 152

VIII

- (1) KSKの事例から何を得るか　152
- (2) 求められる対応は　154

第5章 「ICTとヒトの力」を基盤に進化する業界の異端児 ——日本瓦斯株式会社（ニチガス）

1 業界の異端児と呼ばれ …………………………………………… 158

2 強さの基盤は「ICTとヒトの力」…………………………………… 160

3 ヒトが集まらない，辞めていく …………………………………… 161
- (1) ストレスの対処法　161
- (2) 働き方改革　162

4 忙しすぎて新人のケアができない ………………………………… 164
- (1) 現場での高い負荷　164
- (2) プレイングマネジャーの存在　165

5 人事制度の改革へ ………………………………………………… 167

6 改革の柱 …………………………………………………………… 169
- (1) 新規専任職の創設　169
- (2) 役割等級と評価基準より数字以外の評価の拠りどころを示す　171

7 ニチガスの成長と働き方改革の原動力——業務効率化 ………… 182
- (1) 本社移転を機としたペーパレスの徹底——本部業務効率化　182
- (2) コールセンターの設置　184

8 プロジェクトでヒトを育てる ……………………………………… 186

9 役員自ら改革しなければ，社員がついてこない ……………… 189

10 そして新たなステージへ ………………………………………… 191
- (1) 人材の多様化への対応　191
- (2) 社内外への発信　193
- (3) 働き方改革の取り組み　194

11 最後に―各社での取り組みに向けて ………………………… 197

第6章　「頼れる食のパートナー」が目指す全員参画の経営
　　　　　―株式会社久世

1 イントロダクション ……………………………………………… 200
- (1) 現場のジレンマと制度の限界　200
- (2) 社長の熱い思い　201

2 プロジェクトの立ち上げ―インタビュー ………………………… 204
- (1) 会社を知る　204
- (2) 抽出した久世の強みと課題　205

3 目指す方向 ……………………………………………………… 209
- (1) 「頼れる食のパートナー」を支えるエンジンを再定義　209
- (2) 多様性を力に変える　210
- (3) 優先順位とあるべき姿の議論　211
- (4) 未来志向と現実のバランス　212
- (5) 定量指標　213

4 ワークショップ ………………………………………………… 215
- (1) 臨場感を重視　216

(2) ワークショップの副次的効果　219

5 ｜ 制度設計 ……………………………………………… 223
(1) コースと等級　223

(2) 報酬制度　224

(3) 評価制度　227

(4) 働き方改革　229

6 ｜ 実効性がある運用を目指して ………………………… 231
(1) 評価者研修　231

(2) 昇格運用　231

(3) 定年延長　232

7 ｜ 最後に …………………………………………………… 233

参考文献・資料等・235

おわりに・237

第 1 章

人材を取り巻く環境の変化

　第1章では，昨今の人材を取り巻く環境の変化について，公表データや企業の動向をもとに考察する。特に働き方改革，若年層の動向，夫婦共働き，AIやIoT，定年延長等は企業も従業員も注目しているテーマである。企業は従業員を若年層，中堅層，高齢層と分類して制度設計を行う場合が多い。しかし，若年層だけを捉えても価値観の多様化が進み，従来型の対応策は限界に達しつつある。

　そして，対応のスピードも重要だ。人材育成にじっくり取り組もうとしている間に，優秀な人材は転職を決意するかもしれない。あるいは，新卒採用が厳しいから初任給水準を引き上げるという施策だけでは，もはや手遅れである。こうした実情を踏まえて，人材を取り巻く環境の変化を正しく認識していただくための情報を提供する。

1 採用激変！　10月1日の内定式に 出席予定者が来ない！

(1)　学生に有利な売り手市場

　採用環境が激的に変化している。企業の採用担当者は，頭を抱える悩みが増えたのではないか。以前は，採用面接の急な欠席というのは，稀にはあることだったかもしれない。最近は，内定者懇親会や勉強会などの行事には参加していたが，内定式を無断で欠席し，式当日に内定を辞退する学生が少なくない。なぜ，このような事態が起こってしまうのか。

　2018年11月時点の有効求人倍率は1.58（厚労省一般職業紹介状況）となり，ここ5年間その倍率は上がり続けている。企業が学生を選ぶという時代ではなく，学生が企業を選ぶ時代となっている。つまり，学生にとって非常に有利な売り手市場だ。

　2018年4月12日に発表されたリクルートキャリア就職未来研究所調べの「就職プロセス調査」によると，2018年卒大学生の内定取得社数の平均値は2.46社であり，複数社の内定を取得している割合は卒業時点で65.4％だった。すなわち，2社以上から内定を取得した学生が過半数であることから，内定辞退者が増えていることが推察される。そのため，企業の採用担当者が内定者を囲い込むために懇親会や研修などあらゆる施策を講じても，辞退者はどうしても出てきてしまう。内定を辞退するタイミングを逃してしまった一部の学生が，内定式をいわゆるドタキャンすると推測される。

　昨今の圧倒的売り手市場の中でも，一部の大手企業は学生からの人気が集中し，買い手が優位な立場となっている場合がある。しかしながら，そのような企業は少数で，ほとんどの企業が優秀な学生の採用に頭を抱えているようだ。二次募集，三次募集，通年採用を行っている上場企業もあり，採用活動が難航していることがわかる。ある卸売業の企業では，社内のコネクション（従業員の親族・従業員の紹介など）を利用して採用を行わなければ，人が集まらない

という話を伺った。また，ある小売業の企業では，希望の要件を満たしていない学生であっても，人数が足りないため，とりあえず内定を出している，という話を伺った。本当は条件に合った人材を獲得したいが，人数を集めることが優先事項になっているのが現実である。

(2) その採用戦略は本当に正しいか

人材を獲得したい企業においては，「初任給を上げる」という対策を選択しがちだ。ここ数年初任給を改定している企業は多く，5年間の金額の増加は顕著である。**図表1－1**を参照いただきたい。

しかし，本当にそれでよいのだろうか。企業が対応すべき課題は他にもあるはずだ。例えば，在籍する従業員の生産性向上，非正規雇用者の正社員化（無期転換）や定年延長等の施策である。採用の難しさは理解できるが，採用の質を低下させ，さらに初任給水準までも引き上げる施策は本当に正しいのか，再検討する時期ではないだろうか。

図表1－1　直近5年間の初任給の推移

性，学歴		平成26年		平成27年		平成28年		平成29年		平成30年	
		初任給(千円)	対前年増減率(%)	初任給(千円)	対前年増減率(%)	初任給(千円)	対前年増減率(%)	初任給(千円)	対前年増減率(%)	初任給(千円)	対前年増減率(%)
男女計	大学院修士課程修了	228.3	0.1	228.5	0.1	231.4	1.3	233.4	0.9	238.7	2.3
	大学卒	200.4	1.2	202.0	0.8	203.4	0.7	206.1	1.3	206.7	0.3
	高専・短大卒	174.1	1.1	175.6	0.9	176.9	0.7	179.2	1.3	181.4	1.2
	高校卒	158.8	1.8	160.9	1.3	161.3	0.2	162.1	0.5	165.1	1.9
男	大学院修士課程修了	227.7	0.0	228.5	0.4	231.7	1.4	233.6	0.8	239.9	2.7
	大学卒	202.9	1.3	204.5	0.8	205.9	0.7	207.8	0.9	210.1	1.1
	高専・短大卒	176.1	1.1	177.3	0.7	179.7	1.4	180.6	0.5	182.9	1.3
	高校卒	161.3	1.5	163.4	1.3	163.5	0.1	164.2	0.4	166.6	1.5
女	大学院修士課程修了	230.7	0.3	228.5	−1.0	229.7	0.5	232.4	1.2	243.2	0.8
	大学卒	197.2	1.1	198.8	0.8	200.0	0.8	204.1	2.1	202.3	−0.7
	高専・短大卒	172.8	0.9	174.6	1.0	175.2	0.3	178.4	1.8	180.4	1.1
	高校卒	154.2	1.9	156.2	1.3	157.2	0.6	158.4	0.8	162.3	2.5

（出所）　厚生労働省「平成30年賃金構造基本統計調査結果（初任給）の概況」

(3) 採用難航中の企業がすべき3つのこと

　採用に関する改善の3つの方向性を提案する。1つ目は，自社が求める期待人材像の再認識を行い，採用基準が適正かどうか判断することである。採用難航中の企業においては，求める人材像と採用面接におけるフィルターが異なっている場合が多い。例えば，「高学歴ならば優秀」として一律に高学歴者を採用する事例だ。高学歴者に優秀者が多いことを否定するわけではないが，求める人材に高学歴は必要なのか検討を促したい。

　2つ目は，コミュニケーションツールとしての正しい情報の開示である。学生は企業のさまざまな情報に関心を持っている。キャリアプランや研修・留学制度，残業時間や離職率，有給休暇取得率など，知りたい情報の範囲は広い。最近では，男女比率よりも女性管理職比率や育児をする女性社員比率，男女平等に対する施策よりもLGBTに対応した制度の充実性などへの関心も高まっている。これに合わせて情報を開示する企業も増えている。また，公的認証（例：なでしこ銘柄，健康経営銘柄，くるみん，えるぼしなど）に対する注目度も高まっている。ある小売業の企業では，公的認証の取得により，学生の応募数がかなり増えたと伺った。企業は学生から選ばれる立場にあることを意識し，企業としてのメッセージの発信や細やかな情報開示をしていくべきだろう。

　3つ目は，採用スタッフ（採用担当者＋リクルーター）の教育である。学生にとって，その企業の顔ともいえる採用スタッフの教育は重視したいところだ。なぜなら，採用力強化のためには，企業理念および採用方針が採用スタッフにしっかりと浸透していることが不可欠であり，さらに各人のスキルとして優れた傾聴力や質問力が求められるからだ。自社をPRするだけでなく，学生が興味のあるテーマ・内容や，本当に知りたいと思っていることを聞き出せるかが重要となる。採用スタッフは双方向のコミュニケーションで学生の本音を引き出し，企業の採用方針に沿った適正な人材かどうかを見極める必要がある。他社と差別化し，学生に自社を志望してもらううえで，採用スタッフの目線合わせや意識改革，スキル向上の訓練は非常に有効だといえる。

2 | 総論賛成・各論異議ありの「働き方改革」

(1) 働き手を増やすためにも働き方改革を！

　現在，多くの企業において働き方改革が進められている。政府が掲げる働き方改革とは，「一億総活躍社会実現に向けた最大のチャレンジであり，働く人の置かれた個々の事情に応じ，多様な働き方を選択できる社会を実現し，一人ひとりがより良い将来の展望を持てるようにするための活動」だ。具体的には，長時間労働の是正，同一労働同一賃金の実現など，労働制度の大胆な改革を提唱している。

　日本は現在65歳以上の割合が全人口の27％以上となっており，超高齢社会である。高齢化はさらに進み，将来は3人に1人が65歳以上という時代を迎えようとしている。一方，生産年齢人口は減少傾向にあり，人手不足がより深刻化することは周知の想定である。対策としては，いわゆるアクティブシニア（元気な高齢者）や労働市場に参加していない女性の就労を促進する方法がある。その環境を整えるためにも働き方改革が必要なのだ。60歳以上の高齢者が65歳を超えても働きたいと思っている割合は79.7％と非常に高く，労働力となり得る可能性が高い（図表1－2）。

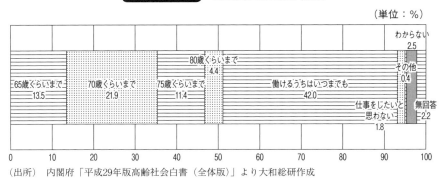

図表1－2　60歳以上の就労意欲

（出所）　内閣府「平成29年版高齢社会白書（全体版）」より大和総研作成

高齢者や女性の就労を促進する視点でも、長時間労働の解消は、働き方改革の一丁目一番地ともいえるだろう。

(2) 過剰な子育て支援制度に対する周囲の不満

女性の就労支援の施策は、場合により社内のあつれきを生んでしまう可能性があることをご存じであろうか。その1つが育児中の社員に対する手厚い制度の導入だ。短時間勤務制度や時間外労働の免除など、法令で定められた基準よりも手厚くする企業も少なくない。5年前と比較すると全体的に充実した企業が増えている（図表1－3、図表1－4）。これは育児中の社員にとっては非常にうれしいことだろう。また、学生の採用にも良い影響をもたらすことが考えられる。

一方、育児期間中に重点を置いた制度のみを拡充すると、該当しない従業員の不満につながる可能性が高くなる。仕事と育児の「両立」を支援する制度であるべきで、育児に軸足を置いた働き方を推奨する必要はない。短時間勤務や所定外労働の免除を長期にわたり認めるのであれば、周囲の従業員への業務負荷などへの配慮も同時に考える必要がある。また、在宅勤務制度を育児中の従

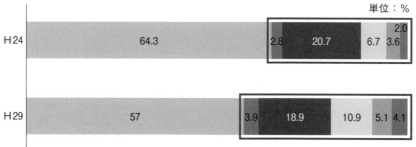

（出所）厚生労働省「平成24年度雇用均等基本調査」および「平成29年度雇用均等基本調査」より大和総研作成

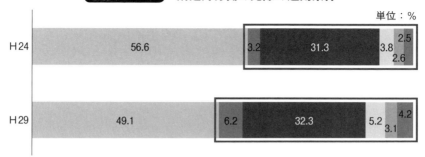

図表1−4　所定外労働の免除の適用条件

- 2歳に達するまで
- 2歳〜小学校就学前の一定の年齢まで
- 小学校就学の始期に達するまで
- 小学校入学〜小学校3年生(又は8歳)まで
- 小学校4年生〜小学校卒業(又は11歳)まで
- 小学校卒業以降も利用可能

(出所)　厚生労働省「平成24年度雇用均等基本調査」および「平成29年度雇用均等基本調査」より大和総研作成

業員のみに限定する制度にも疑問符がつく。全従業員に対応したほうが不満を持つ社員も減り，育児中の従業員も遠慮せず制度を使いやすくなるのではないか。全社従業員が働きやすいと感じる制度の拡充こそ，企業が目指す働き方改革であろう。

3 「残業なし，ノルマなし，転勤なし」企業が選ばれる時代

(1) 休みは取れて当たり前，長時間労働はもってのほか

　現在，学生はどのような企業を志望するのか。この質問を企業の採用担当者に聞くと，どの業界においても残業は少ないもしくは全くないほうが望ましく，営業ではノルマがないほうが好まれるとのことである。また，全国勤務の可能性がある企業では，転勤がない企業に内定者を奪われるという話を伺った。学生は採用面接では社会貢献がしたい，自身の成長できる環境がありそうだなどといった志望理由を述べているが，実際のところ「残業なし，ノルマなし，転勤なし」という条件が，企業を選ぶ際の本音のようだ。会社説明会や先輩社員

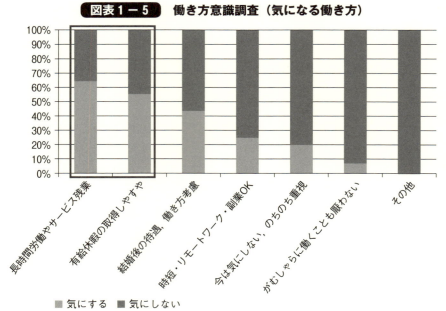

図表1－5　働き方意識調査（気になる働き方）

(出所)　株式会社i-plug「就活生『働き方』意識調査・2019年卒」より大和総研作成

との座談会では平均残業時間や有給休暇取得率，その他福利厚生に関する質問を学生から受けることが多くなったという話はよく耳にする。データで見てみると，働き方において過半数の学生が「長時間労働やサービス残業」および「有給休暇の取得しやすさ」に関心があることがわかる（**図表１－５**）。

有給休暇の取得については，労働基準法が改正された。2019年４月から，すべての企業において，年10日以上の年次有給休暇が付与される労働者に対して，年次有給休暇の日数のうち年５日については，使用者が時季を指定し，取得させることが必要となった。年次有給休暇を５日以上取得済みの労働者に対しては，使用者による時季指定は不要であることから，使用者は時季指定をする，しないにせよ，労働者に対して有給休暇を年に５日以上取得させることが義務化されたのだ。つまり，これから採用する学生にとって，有給休暇の５日はフレキシブルに取得できて当たり前であり，５日以上の日数がどれだけ取りやすいかがポイントとなるだろう。

(2)　人気の職種は事務職

ここ数年，事務職の有効求人倍率は0.25前後を推移しており，約４人に１人しか採用されないことがデータからわかる（**図表１－６**）。直近の全体の求人倍率が2.36という人手不足の中で，事務職の人気度が伺える。一方，IT化に伴う業務量の減少や派遣社員・契約社員などを雇う企業が増えており，事務職という枠自体が少なくなっているということも影響していると想定される。

企業の採用担当者に事務職の採用について伺うと，とても好調であるとの話が多く，その人気を裏づけているように感じられた。最近では男性からの応募も増えているとの話を聞く。高い目標やノルマを背負ってバリバリ働くよりも，ルーティンワークを淡々とこなす安定的な働き方が男女ともに好まれる時代へと変化している可能性も否定できない。

(3)　転勤の辞令を出したら，「辞めます」─仮面総合職─

転勤の条件や地域限定社員の制度について，企業からの相談が多くなっている。勤務地を限定して働く地域限定制度があるにもかかわらず，その制度を利

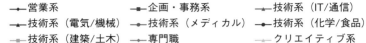

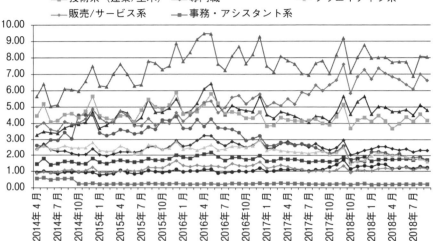

（出所）パーソルキャリア株式会社dodaエージェントサービス「転職求人倍率レポート（2018年11月）」より大和総研作成

用せず，総合職として働いていた従業員がいるとしよう。いざ転勤の辞令を出すと，「私，今月で辞めます」と告げられてしまうことが頻発しているという内容だ。これらの従業員をここでは「仮面総合職」と名づけるとしよう。では，なぜ仮面総合職は地域限定社員を選ばないのか。

　それは，地域限定社員制度を選ぶと，何かしらの不利益につながるという理由が多い。最近では転勤の辞令を出し，異動して初めて（転勤が可能な）総合職とみなし，処遇を手厚くするという企業も増えているようだ。一方，総合職から地域限定職に転換する制度を運用している企業もいまだに多い。制度の内容は，転勤がないことが保障される代わりに，基本給が減ったり，住宅手当がなくなったりと，総合職と比較して何かしらのマイナス要素を被るケースが一般的である。

　では，転勤したくない総合職の従業員が地域限定職を選択しなければどうな

第1章　人材を取り巻く環境の変化　11

るのか。いつかは転勤の辞令が出るかもしれないが，その時点では何の不利益もない場合が圧倒的多数である。ここで，ポイントとなるのは「転勤の時期が未確定」ということである。地域限定職を選ばなくとも，すぐに転勤の辞令が出る可能性は低い（稀に，すぐに転勤させる企業もある）。ましてや，転勤がほとんどない企業においては，総合職でも定年まで転勤しない場合もあり得る。そのため，転勤の辞令が出たら辞めればよいと考える仮面総合職が現れてしまうのだ。また，転勤したくない理由については各人でさまざまである。配偶者が嫌と言っている，子供が小さいから単身赴任はできない，親の介護がある，生まれ育った地元を離れたくない，これまでの生活環境を変えたくない等々だ。

　これからの時代は，多様な働き方が認められるようになる。リモートワーク，テレワークなどの普及により，先進的な企業では，転勤せずとも最大限のパフォーマンスを発揮できる環境が整いつつある。いつかは来るであろう「転勤なしが当たり前」という時代に備え，企業は準備を進めていかなければ人材の獲得はさらに困難になるだろう。

4 「憧れる上司や先輩がいません」

(1)　若手女性の懸念―ロールモデルがいない―

　「憧れる上司や先輩がいません」このセリフは特に若手女性から聞くことが多い。女性の場合は女性の上司や先輩を指すことが多い。人事制度改定の支援を行う際，従業員にインタビューをする機会がある。そこで耳にするのが，若手の総合職女性からの「憧れる女性の上司や先輩がいません」という声だ。具体的には，「総合職で残っている女性はスーパーウーマンしかおらず，自分にできる自信はない」，「自分は結婚して子供がほしいが，今バリバリと働いている総合職女性には子供がいない人ばかりだ」，「総合職入社じゃない人たちのキャリアパスは参考にできない」，といった内容だ。総じて，自分が同じ道を歩みたいと思えるロールモデルの女性を社内に探していることを意味している。また，若手女性に自身がなりたい将来像について尋ねると，「わからない」，「全く想像ができない」と回答する人が多く，自分なりのイメージを抱いている人はほとんどいなかった。

　では，なぜ若手女性はロールモデルを必要としているのか。昨今の若者は周囲と給与明細を見せ合うことへの抵抗が少なく，同業種・他業種問わず学生時代の友人と比較する傾向が強まっているようだ。SNSなどの普及により，友人と情報を交換しやすくなり，旧友との距離が昔よりも身近に感じやすくなったことが一因かもしれない。友人の情報が入手しやすく，比較することが自然になっている若者にとって，ロールモデルという自身の比較対象を求めることは不思議なことではないのかもしれない。企業は若手女性がなりたいと思えるロールモデルを率先して育成することで，若手女性の離職を防ぐことができるのではないだろうか。

(2) 年功序列企業に起こりがちな，非効率な中高年社員問題

　若手の男女ともから意見が上がったのが，年功序列で昇進してしまった上司，先輩に対する不満だ。具体的には，経営方針で決まったことを翻訳せず，そのまま伝達する管理職中高年社員たちである。若手からの意見は，「自分の言葉に落とし込んで説明してほしいし，背景や意図も知りたい」とのことだ。「経営層に言われたからそのままやれ」では，部下は納得しない。管理職ではないが，自分の仕事の範囲を決め，所定の業務以外は無関心な中高年社員や就業時間はネットサーフィンもしくは睡眠，終業時刻後に仕事を開始する中高年社員などの報告も多くの企業から寄せられた。自分よりも働いておらず，それなのに給与は高いという状況に若手は憤りを感じているようだ。諦めモードの若手もいた。このような働き方は，若手だけでなく周囲のモチベーションを下げる働き方だといえる。

　全員が誠実に働いている企業で，運用も上手くいっているのであれば年功序列でも問題はない。だが，年齢だけ高く堂々と手を抜いている人や，現状のポジションにあぐらをかいているような人が目につくのであれば，成果報酬の比重を高めたり，評価による降格や減給を行ったりすることで，徐々に仕組みを見直していくべきだろう。旧態依然の年功序列を続けるならば優秀な若手は転職し，数年後には大きな代償を求められるであろう。

5 │ 増加する「若年転職」

(1) 働き方の改善を求めた転職―よりホワイトな企業へ―

　新卒採用と並行して，どの企業も頭を抱えている問題の1つが若年層の転職だ。新卒で入社し育て上げた従業員が，投資効果がようやく現れてきた頃に他社に転職してしまう話は非常に多い。若年層の転職理由は，やりたい仕事をやるという前向きな理由と，それ以外の3つの理由がある。それ以外の理由について解説する。

　1つ目は，現状の労働環境の改善を求めた転職である。残業が多い，休みが少ない，休日出勤が多い，有給休暇を取得しにくいといった働き方に嫌気がさし，改善を求めて今よりもホワイトな企業，ホワイトな業界へと転職することである。この場合，給与が若干低くなろうとも，ワーク・ライフ・バランスを求めているので大きな問題ではないようだ。業界としては，サービス業や小売業，卸売業，そして物流業に多いようだ。

(2) 出産・育児をきっかけとした転職

　2つ目は，総合職の女性が出産や子供の小学校入学を機に，パート社員などとして転職してしまうケースである。体験者に会って話を聞いたところ，出産が理由の場合と子供の小学校への進学が理由の場合では，少々事情が異なっていた。前者については，昔より人数は減ってはいるものの，地方の企業ではいまだに多いと感じた。出産を機に辞めた人・辞めたいと考えている人に理由を聞くと，「育児をしながら総合職で働くことは業務量的に不可能だと思う」，「産休・育休中もみんなに後れを取らないように勉強をしなければならないと考えるとつらい」，「育休後に働いている総合職の女性は疲弊している人が多く，自分はそうなりたいとは思えなかった」といった内容だった。育児と業務の両立がそもそも不可能だと考えて離職している人が大半だった。

第1章　人材を取り巻く環境の変化　　15

　また，小学校入学になるのを機に辞める人に理由を聞くと，「会社と家が遠く，学童の終わる時間には間に合わない」，「時短ができないのがつらい」といった意見だった。育児と業務の両立は可能だが，時間の制約により辞めるしかないと考えていた。

　後者については，企業側の制度によって救済することが可能だ。例えば，テレワークの導入や短時間勤務可能期間の延長等の施策が有効であろう。すでに述べたように，「育児」だけを優先するのではなく，全社の働き方改革がポイントである。

(3)　ホワイト企業でも増えている!?　給与UPと成長機会を求めた転職

　転職理由の3つ目は，給与に対する不満である。実際にデータを見てみると，20代の転職理由として，給与への不満が2番目に多い（**図表1−7**）。残業や休日関連の理由は3位および6位にある。

　不満が出る企業は，ブラック企業かホワイト企業かというよりも，適正な評価制度に基づく昇給や昇格の運用がなされていない場合が多い。すなわち，年功序列の企業もこれに該当する。初任給水準の是正以前に，公正な人事評価の

図表1−7　**20代の転職理由（2018）**

順位	前年度	転職理由	割合	前年度比
1位	1位	ほかにやりたい仕事がある	15.40%	−0.9pt
2位	2位	給与に不満がある	10.30%	0.6pt
3位	3位	残業が多い/休日が少ない	9.20%	0.3pt
4位	4位	会社の将来性が不安	7.90%	−0.1pt
5位	5位	専門知識・技術力を習得したい	5.10%	−0.5pt
6位	8位	土日祝日に休みたい	4.10%	0.3pt
7位	6位	幅広い経験・知識を積みたい	3.90%	−0.1pt
8位	7位	U・Iターンしたい	3.60%	−0.2pt
9位	9位	市場価値を上げたい	3.50%	−0.1pt
10位	10位	雇用形態を変えたい	3.10%	−0.3pt

（出所）　パーソルキャリア株式会社転職サイトdoda「転職理由ランキング2018＜年代別＞」より大和総研作成

実施，およびそれに沿った昇給や昇格の運用，適正なフィードバックが欠落している場合が多いことを知っておくべきであろう。

6 | 優秀な従業員ほど，いつでも転職できる状態にある

(1) 転職サイトへの登録—オファーが鳴りやまない—

　今どきの学生は入社後すぐに転職サイトに登録し，再び就職活動を始めることを知っているであろうか。日本経済新聞2018年8月7日の夕刊によると，入社1ヵ月以内の新入社員の登録数が，10年前と比較して約30倍になった転職サイトもあるという。就業期間が短くとも転職を希望する場合，入社前の希望と入社後の仕事内容が異なることや，働き方が予想以上に厳しいなどの理由が考えられる。記事の中で，DODA編集長の大浦征也氏は，「昨今の若者は，定年まで同じ会社で勤め上げるという意識が希薄」と分析している。さらに，現在の売り手市場とスマートフォンの普及や転職サイトの増加などにより，転職サイトに登録することへのハードルも下がっているように思える。

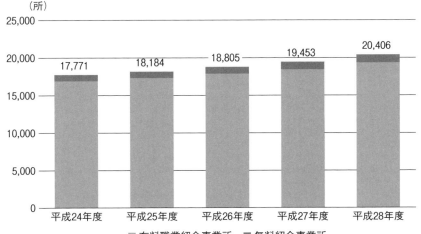

図表1－8　民営職業紹介事業所数

（出所）　厚生労働省「平成28年度職業紹介事業報告書」より大和総研作成

実際に転職サイトに登録すると，ヘッドハンターやエージェントからのオファーが鳴りやまないという現象を多数の人が経験する。ここ5年においては，ヘッドハンターやエージェントが主に属している人材紹介企業自体も継続して増えており，平成28年度には20,000所を超えた（**図表1－8**）。以上のことから，転職市場の盛り上がりは過去最高レベルであり，転職サイト登録への心理的ハードルの低下が離職への一歩につながりやすくなっているのではないだろうか。

(2) どの年齢層でも優秀な人は求められる

複数の人材紹介企業のエージェントに，転職市場において人気の年齢層について聞いてみたところ，回答内容はほぼ同じであった。20代・30代がボリュームゾーンであり，企業側のニーズも高い。現在は，50代後半でも優秀であればオファーがそれなりに来る人もいるとのことだ。ここで企業側が認識しておかなければならないことは，どの年代においても優秀な人材はいつでも他社に引き抜かれる可能性があるということである。企業にとって，人材はかけがえのない資産である。それを上司が忘れ，おごった態度やハラスメントまがいの行動をしようものなら，今まで大切に育成してきた人材を他に奪われることになりかねない。マネジメントの力量が試されるところである。

報酬を上げても残ってほしい人材，辞められると代わりを見つけるのが非常に困難な人材，辞められたら企業として致命的な痛手になる人材などについては，日頃から動向をよく観察し，コミュニケーションを頻繁に交わしておくことが重要である。優秀な人材は老若男女を問わず，企業が戦略的に囲い込みを進めていかなければならない時代が来たのかもしれない。

第1章　人材を取り巻く環境の変化　　19

7 │ 30代の人材が圧倒的に不足

(1)　就職氷河期と新就職氷河期

　現在，30代の人材が多くの企業において不足している。大きな理由の１つと
して，30代の就職時期が就職氷河期と新就職氷河期という２つの就職難の時期
に重なったことがあげられる。現在の30代は，2002年～2012年頃に大学を卒業
した人材だ。企業が新卒採用を止め，リストラを行い，代わりに派遣社員・契
約社員を採用していた時代である。最初の就職氷河期は1993年～2005年頃とい
われている。この時代に就職活動を行っていた世代は，ロストジェネレーショ
ンとも呼ばれている。バブルが崩壊してから約10年間，企業の景気も悪く，採
用も消極的だった。２度目の就職氷河期は，新就職氷河期とも呼ばれており，
リーマン・ショック後に訪れた。一般的には，2010年～2013年に大学を卒業し
た世代，つまり2008年～2011年に就職活動をしていた世代を指す。就職氷河期
および新就職氷河期における有効求人倍率を見てみると，厳しい数値であるこ
とがわかる（**図表１－９**）。

図表１－９　　**有効求人倍率の推移**

年	有効求倍率（倍）	2000	0.59	2007	1.04
1993	**0.76**	2001	**0.59**	2008	0.88
1994	**0.64**	2002	**0.54**	2009	**0.47**
1995	**0.63**	2003	**0.64**	2010	**0.52**
1996	**0.70**	2004	0.83	2011	**0.65**
1997	**0.72**	2005	0.95	2012	0.80
1998	**0.53**	2006	1.06	2013	0.93
1999	**0.48**				

※0.8未満を太字にしている
（出所）　厚生労働省「職業安定業務統計」より大和総研作成

(2) 転職市場での奪い合い

　現在の30代の正社員は，就職氷河期および新就職氷河期時代という企業の窓口が狭い中，内定を勝ち取って入社した人がほとんどであるため，優秀な人材が多いといわれている。30代の正社員はそもそもの母数が少ないため，転職市場においてその価値は高く，人材の奪い合いが日々起こっている。一方で，入社した企業が第一希望ではないという30代も多いため，現在の売り手市場を活用して，入社したかった企業を受け直す人もいるようだ。企業の経営陣や優秀な30代の部下をもっている管理職については，その人材がいかに貴重であるかを考慮し，離職の抑制につながるような育成をしてほしい。

8 │ 定年延長と世代交代の難しさ

(1) 労働力の確保〜役職者だった人が，一兵卒になりえるのか？

　「今まで上司だった人が次の日から部下になった。非常にやりづらくて，困っている」，このような話を耳にする。役職定年や定年後再雇用制度を導入している企業に多い意見である。企業が悩む問題の１つに，役職定年後のポジションがある。今まで部長だった人を役職定年後，その部署の部員にすると，労働力不足の問題はひとまず解決する。その人に専門性があり，その専門性を活かせればなおさらだろう。一方，その部署の新部長に前任者の部下だった人が任命されると人間関係が難しくなると推測される。事前の話し合いや異動も含めた検討が不可欠である。

　さらに，役職定年後の呼称についても悩んでいる企業は多いようだ。部長や課長だった人については，担当部長，担当課長，参事，参与といった呼称を使うことが多い。シニアエキスパートやシニアスペシャリストなどのいわゆる横文字呼称を使う企業もある。また，工場などの現場において，指導者が現場作業員となる場合は，呼称ではなく帽子の色や制服の色を変えて，モチベーションの維持を行う企業もある。世代交代は必要であるが，お互いの立場を尊重する姿勢が大前提となるだろう。

(2) 次世代育成

　定年を延長したが，役職定年については検討していない企業や，定年延長とともに役職定年の年齢を引き上げた企業において生じやすい課題が，次世代人材の育成である。定年もしくは役職定年を延長したことにより，現在の役職者の任期が延びることになる。すなわち，それは次の世代の活躍時期を後ろ倒しにしていることを意味する。

若手が育たない，次の課長にする者がいないといった話は聞くが，実際に現在の管理監督者達もマネジメント能力が試されるのはそのポジションに就いてからであることが多い。ゆえに，今の若手にマネジメントができるかは，やらせてみなければわからない部分も多々あるだろう。ある企業では，可能性がある若手を管理監督職に就け，実績が上がらなければ解任し，次の候補者をそのポジションに就けている。もちろん解任された者には再度挑戦の機会は与えられている。競争ではなく切磋琢磨である。適材適所の価値観が確立していれば，このような施策も可能である。

　ポジションが人を育てるという言葉もある。リスクを取らず，今の管理職をそのままそのポジションに就けておくことは簡単だ。短期的成果は重要であるが，それ以上に持続的な企業の成長を考慮すべきだろう。

9 | 改めて問われる管理職と専門職の役割の違い

(1) 現在の管理職はマネジメント適性がある人か

　あなたの会社の管理職はどのような基準で選ばれているだろうか。組織の成果を上げられる人材やリーダーシップ力がある人材を登用しているだろうか。現実は，実務で成果を上げた人材を部長や課長に任命している企業がいまだに多い。しかし，「プレイヤーとして優れている＝マネジメントができる」というわけではない。

　プロ野球を例に考えてみよう。首位打者，最優秀防御率などの個人タイトルを獲得したスター選手が必ず名監督になっていただろうか。いや，それは違う。名監督は必ずしもスター選手ではない。監督に求められる能力と選手に求められる能力は全く異なるからだ。では，スター選手はどうして必ずしも名監督になれるわけではないのか。そのスター選手が圧倒的才能の持ち主であればあるほど，名監督になることは難しいかもしれない。なぜならば，できない人の気持ちがわからないからだ。自分は身体が感覚で勝手に動いてしまうが，ほとんどの人はそうではない。そのため，他の選手への指導方法がわからないのだ。

　これは予備校の講師でもいえることである。予備校において，浪人し，苦労をして第一志望の大学に入った講師のほうが，元々勉強が得意で，すんなりと第一志望に現役で入った講師よりも説明がわかりやすいというのはよく聞く話だ。前者の講師は，自分が受験勉強で苦労している分，どうしてわからないか，どこでつまずきやすいかを知っているからだ。

　管理職に求められる役割は組織の目標を達成すること，すなわち部下の成果を高めることである。その過程で，部下の指導・育成が求められる。一方，専門職に求められる役割は，己の腕を磨きつつ，後輩にスキルを伝承し，実績を上げることである。どちらに適した人材なのかをよく見極め，人材を活用することの重要さを再認識したい。

(2)　超一流のプレイヤーこそ専門職に

　マネジメント力は不足するが，プレイヤーとして常に実績を上げられる人材
は，第一線で走り続けてもらったほうが，企業にとっても本人にとってもwin-
winである。営業一筋で常にトップの成績を収めていた従業員を部長に登用し
たが，部下との人間関係が上手くいかず，組織の成績は伸び悩んでいた。その
部長は次に何をするだろうか。答えは簡単だ。自分で動いて，数字をつくりに
いくのだ。そのほうが確実性も高く，効率も良い。これこそが専門職なのだ。
その人は部下とのコミュニケーションは上手くいかなかったが，顧客とのコ
ミュニケーションは卓越していたのである。企業は，ここの判断を間違っては
いけないのである。

10 夫婦で稼ぐが当たり前の時代

(1) ダブルインカムがスタンダードの時代

30年以上前は,「男は外で働き,女は家を守る」という夫婦の世帯が一般的であった。現在は,夫婦共働きの世帯数が専業主婦世帯数の2倍弱まで増加している（**図表1-10**）。ここから,結婚しても会社を辞めることなく,さらに出産,育児をしながら働き続けている女性の割合が増えていると推測される。

出産・育児は大変といわれつつも,なぜ最近の既婚女性は共働きを選ぶのか。その理由はいくつか考えられる。女性が働きやすい環境が整備されてきた,1

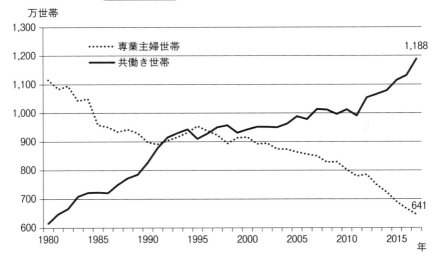

図表1-10 専業主婦世帯と共働き世帯

注1)「男性雇用者と無業の妻からなる世帯」とは,夫が非農林業雇用者で,妻が非就業者（非労働力人口及び完全失業者）の世帯
注2)「雇用者の共働き世帯」とは,夫婦ともに非農林業雇用者の世帯
注3) 2011年は岩手県,宮城県及び福島県を除く全国の結果
(出所) 独立行政法人 労働政策研究・研修機構「専業主婦世帯と共働き世帯 1980～2017年」より大和総研作成

人で家族を養うことが困難となった（収入の確保のため），病気や事故などで配偶者が働けなくなってしまった場合のリスクヘッジ，人手不足により雇用先の確保がしやすい，育児のための貯蓄，老後に備えた貯蓄または投資用資金，食洗機やロボット掃除機などによる家事の簡易化等々があげられる。夫婦共働きが増えることは経済にもプラスに作用するだろう。注意すべきポイントは夫婦の家事・育児の分担だ。夫婦がともにフルで働いているのであれば，男性が女性を“サポートする”という考えは改めるべきだろう。夫婦が同じ負担で働いているのであれば，家事・育児も平等に分担するほうが望ましい。片方への負担が大きくとも夫婦が互いに納得している場合はそれでも構わない。しかし，どちらかに不満がたまっているのであれば，家事・育児における行動を洗い出し，担当を見直す必要があるだろう。こうした内容は会社の制度として強制するのではなく，セミナーやワークショップなどで対象者に啓発していくことが望ましい。それにより離職率を低減させる，長時間労働を解消する行動への動機づけになるからだ。

(2) 夫婦共働きは出世しなくても老後安泰。危惧される女性管理職比率

　　総務省の家計調査（家計収支編）によると，2017年の夫婦共働き世帯（うち妻が勤労者世帯）の月当たりの世帯実収入平均は609,623円（年換算すると約730万円）であった。そのうち，世帯主実収入が約432,980円，配偶者の収入が約139,845円となっており，現在は女性が正社員としてフルタイムで働いている割合が低いことが推察される。しかし，今後は夫婦ともに正社員世帯が増えていくことが有力な想定だ。正社員共働き世帯数が増えると，企業においてどのような課題が生じ得るのか。

　　筆者が共働き世帯の男女（特に女性）からよく聞く気になるフレーズがある。それは，「そこそこ働きたい。リスクを取って出世のために働くよりも，長くゆったりと働きたい」という意見だ。

　　実際に，30代後半の夫婦共働きの世帯で考えてみよう。平成29年の30代後半の平均年収は，国税庁の民間給与実態統計調査によると442万円であることが

わかる。互いに平均年収を稼ぐことができれば，世帯収入は約900万円となる。加えて，1人で同じ収入を稼ぐよりも，夫婦で稼いだほうが実質の手取り額が高くなる。1人で約900万円を稼ぐことを考えると，ハードルは高い。しかし，共働き世帯においては決して難しくない。平均的に働いていれば，それなりの生活水準で暮らすことができる。老後も正社員共働き世帯においては，退職金と厚生年金の両方を企業から受け取れる。「出世しなくてもいい」と考える夫婦が出てくることはある意味，理にかなっているのかもしれない。

　こうした兆候は，企業が従業員の上昇意欲の低下に直面する可能性を示唆している。女性活躍という観点から，女性の管理職比率を高めることが推奨されている昨今において，上昇意欲のさらなる低下は避けたいところだろう。女性の管理職比率は，いまだに政府の目指す水準に届いていない。第3次男女共同参画基本計画において，2020年に指導的地位に女性が占める割合を少なくとも30％程度とするという目標を掲げていたが，第4次男女共同参画基本計画（平成27年決定）によると，民間企業の課長担当職に占める女性の割合を平成32年までに15％，係長相当職のそれについては25％という目標に変更されている。企業の制度だけでは当然カバーできる課題ではない。原点に立ち返り，働き方を変え，魅力的なロールモデル従業員を育成することが重要である。

第 2 章

企業が直面する人事の課題

第2章では，企業ならびに人事部が直面している課題をクローズアップし，その解決の方向性について考察を行う。

経営層の方からは，「当社の人事部は孤立しています。そこが課題です」というような辛辣な意見を拝聴することもある。人材の重要性に異論はないが，そのための制度改定やスピード感，実効性には企業と従業員の温度差を感じることが圧倒的に多い。

こうした現状を踏まえて，人事の重点課題の抽出と解決への糸口を探る。

1 | 迫りくる要員構造の大問題

(1) 年齢構造の変遷と部長クラスの仕事ぶり

　昭和の終わりまで，企業における従業員の年齢構造はピラミッド型と呼ばれ，若い世代の従業員が多く，年次や年齢層が高くになるにつれて人数が少なくなっていく構造であった。この場合，年次が上がるにつれて職位も上がり，部長になると人事権限や予算の決裁枠などが与えられ，管理監督する部下の数も増えていった。この頃の部長クラスは，自身は細かな仕事はほとんどしなくても組織は運営されていた。部長は執務フロアの奥に座り，仕事の指示と確認を行うことが主な業務で，夕刻になると他部署の同期や直属の部下を伴って飲みに出かける人も少なからず存在していた。

　その後，若手の採用人数と中堅従業員の人数の比率が同じになり，釣鐘型と呼ばれる構造に移行する。組織全体のバランスとしては良いものの，中堅層ではポスト不足となり，この層での椅子取りゲームが起こりやすくなった。この構造における部長クラスの役割は，ピラミッド型の時代に比べ大きな変化は見られないものの，部長が抱える部下も減少し，以前より部長自身が実務に深く関わるようになった。

　そして，最近では，逆ピラミッド型と呼ばれる年次や年齢の高い層の人材が多く，若年層が少ない年齢構造に移行している。このような構造になると，経験豊富な人材が多く，安定的な組織運営は維持されるもののスピード感はなくなり，10年後の企業の主軸となる人材も不足し，企業運営そのものが厳しくなることが想定される。部長クラスには，部下がいない部長も存在し，そのような部長は会議資料の作成から顧客のアポ取りまで自身でこなさなければ組織内での生き残りが厳しくなってきている。このような状況下では，肩書のインセンティブは実感できないであろうし，モチベーションの維持がますます困難になると推測される。

(2) 要員構造の考え方としての人材ポートフォリオ

ピラミッド型の年齢構造はすでに過去のものである。年功主義を全否定はしないが、それに依存する時代でもない。単に年齢や経験だけに頼る人材マネジメントでは組織運営に支障をきたす可能性が高い。そこで新しい人材の捉え方が必要になってくる。1つの考え方として、人材ポートフォリオという手法がある。ここでは2軸と4象限で人材を分類する人材ポートフォリオを紹介する。人材ポートフォリオとは、経営戦略や事業戦略に基づいた経営目標を実現するために、それぞれの従業員の貢献の仕方に応じて人材のタイプをいくつかのグループに分類し、各タイプの特徴を効果的に組み合わせて全体最適を実現していく人材マネジメントの手法である（図表2-1）。その2軸とは、個人か組織か、創造か運用かである。2軸からつくられる4つの象限に該当するのが、「マネジメント人材」、「クリエイティブ人材」、「エキスパート人材」、「オペレーション人材」の4つのタイプである。

これら4つのタイプには、それぞれの企業の経営戦略によって役割が設定されて、それに応じて雇用形態が異なる人材が振り分けられる。マネジメント人

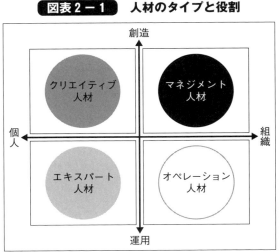

図表2-1　人材のタイプと役割

(出所)　各種資料より大和総研作成

材に求められることは，「人を管理し組織を動かすことで組織の力を発揮させ，組織の目標達成に貢献する」ことである。クリエイティブ人材に求められることは，「高度な専門性を用いて個人の能力を発揮し，組織の目標達成に貢献する」ことである。そして，エキスパート人材に求められることは，「特定分野の熟練者として円滑な組織運営に貢献する」ことである。最後に，オペレーション人材求められることは，「構築された枠組みを確実に運用し組織の力を維持し，目標達成に貢献する」である。

このように人材ポートフォリオを設計しておくことのメリットは，必要な人材が可視化され，人材の採用や育成の計画が立てやすくなることである。これまでは，さまざまな業務を経験して管理職へと昇進してくキャリアパスが主流であった。働き方や価値観が多様化し，管理職というゴールよりも，技術者として専門分野を追求したいという従業員も数多くいる。人材ポートフォリオを設計しておけば，従業員が能動的に自分のキャリアを考え，最適な選択をできる環境が整う。全員が部長というポストを目指す古い習慣にそろそろ終止符を打つときではないだろうか。

第 2 章　企業が直面する人事の課題　33

2 | 不満噴出の人事評価

(1)　従業員の本音

　従業員の多くは，自分こそが組織に貢献していると思い込んでいる。過小な自己評価をする従業員もいるが，少数派である。つまり，上司が決定した評価よりも，本人の自己評価がはるかに高いのである。ここが悲劇の始まりだ。仮に，評価段階がＳ，Ａ，Ｂ，Ｃ，Ｄの５段階とする。標準評価がＢとしよう。上司がＢとしたなら，部下の自己評価は１ランク上のＡである。上司は，まずここをしっかり認識しておく必要がある。そのうえで，なぜそのような評価になったかの理路整然とした説明責任が問われるのである。「頑張ってくれたのでＢとした」というたぐいの説明レベルでは，途端に部下からの信頼感を失うであろう。部下は，上司が本当に自分の仕事を正しく観察し理解しているのかを判断しているのである。従業員インタビューでよく聞かれる意見としては，上司の評価能力を疑うという内容である。

　次なる不満は，中心化傾向である。中心化傾向とは，部下のほとんどが標準Ｂ評価という場合である。従業員の能力や取り組み姿勢，仕事の結果には必ず差があるはずだ。にもかかわらず全員がＢ評価なら，評価制度をやめてしまえという理屈である。最悪の場合，やってもやらなくても評価が同じなら適当にやっているほうが勝ちである，という考え方にたどり着く。このような事例は極端であるが，それに近い運用に陥っている企業は実は少なくない。

　評価に不満がある企業は，改革のスピードが遅い傾向がある。やってもやらなくても処遇は変わらないから，従業員は本気にならないのである。上司の評価能力もさることながら，まず評価制度の適正性を判断することが先決である。

(2)　人事評価の評価項目とその伝え方

　さて人事評価に対して，不満をもつ社員にどのように対処すべきなのだろう

図表2-2　人事評価の種類とその内容

種類	評価内容	評価要素
能力評価	与えられた業務に対する業務遂行能力	企画計画力・実行力・改善力
成果評価	一定期間に設定した目標に対する成果の達成度合い	業績目標達成度・課題目標達成度
情意評価	業務に対する取組み姿勢や普段からの仕事への態度	責任感・積極性・協調性

（出所）　各種資料より大和総研作成

か。一言で表現すれば，十分なコミュニケーションである。人事評価は，一般的に**図表2-2**に掲げるように，大きくは能力評価・成果評価・情意評価の3つに分かれる。

　能力評価は文字どおり，本人の与えられた業務に対する遂行能力についての評価である。業務遂行能力が上がれば，業務の幅も広がり，ステップアップにつながる。評価要素としては，企画計画力・実行力・改善力などがある。

　成果評価は，ある一定期間において上司と設定した目標を達成できたかどうかで判断される。評価要素としては，業績目標達成度・課題解決達成度などがある。結果が達成された場合には，評価が高くなる。

　情意評価は，仕事への取り組み姿勢や業務への態度のことである。評価要素としては，責任感・積極性・協調性などがある。

　重要なことは，決定した評価結果をどのように部下に伝えるかである。上司から人事評価結果のみを伝えるのではなく，それぞれの評価項目についての決定理由や今後の解決策や方向性を一緒に話し合えるかどうかである。

　例えば，能力評価であれば，「このレベルの業務まで今期はできるようになったから，来期は1つ上のレベルの業務にトライしてもらいたいと考えている」といったフィードバックをすればステップアップにつながる。もしくは，業務レベルの達成度が物足りなければ，その点を伝え，次へのチャレンジをアドバイスする方法もあろう。

　成果評価の場合は，目標を達成できなかった場合がポイントとなる。なぜ目標が達成できなかったか，その理由と今後の解決策について部下自身にも考えてもらい，上司としては来期にその点をサポートすることをお互いに確認する

ことで，目標達成力を高めることが可能となる。

　さらに，情意評価の場合は，目標の達成が見られなかった場合でも，業務への取り組み姿勢が前向きであったならば，そこは公正に評価をする必要がある。このような手順を踏むことで，部下は上司が仕事ぶりを見てくれていると感じることができ，評価結果に対する不満を低減することができよう。特に大事なことは，人は誰しも承認欲求をもっている点に配慮することである。評価結果のフィードバックの際に，本人のどのような点（能力・成果・情意）を評価し，あるいは評価できなかったのか，または改善すべき点がどこだったかについて上司としてしっかりと伝える必要がある。

3 『女性活躍』に死角はないのか

(1) 女性活躍推進の政策動向

　女性活躍といえば，企業のダイバーシティ経営の推進を提唱した経済産業省が，平成24年にスタートさせた事業である「なでしこ銘柄」がその先駆けとなろう。これは，経済産業省と東京証券取引所（東証）が共同して，上場企業を対象に業種ごとに「女性活躍推進」に優れた企業を選定し，投資家に紹介する取り組みで，そこで選ばれた企業を「なでしこ銘柄」と呼んでいる。選定された企業は，ロゴマークをさまざまな広報活動に使うことを認められる。平成24年度の創設時は，対象が東証一部上場企業に限定されていたが，平成27年度からは対象が，東証二部・マザーズ・ジャスダックにまで拡大された。この事業の狙いは，女性活躍を推進している企業を，中長期的な成長力のある優良銘柄として広く投資家に紹介することで，その企業への投資を促進し，各社の女性活躍促進への取り組みを加速させることにある。

　それでは，企業は具体的にどのような取り組みを行っているのであろうか。2017年度に「なでしこ銘柄」に選定された企業の取り組み内容は，**図表２－３**のとおりである。人事制度での施策は，「個人評価基準を明確にしている」，「年齢や勤続年数を前提とした年功序列的な賃金体系を見直す仕組みの導入」など，勤務地に関わるものでは，「在宅勤務制度」，「勤務地無限定・限定の職種/コース転換制度」，「モバイルワーク勤務」など，勤務時間に関わるものでは，「フレックスタイム制度」，「労働時間短縮制度」，「半日単位の有給休暇制度」，「時差勤務制度」などがある。いずれも，柔軟な働き方が可能となる制度を採用しており，女性ばかりでなくすべての社員に働きやすい制度や環境整備を行っていることがわかる。経産省と東証が同時に行った調査では，「なでしこ銘柄」に選定された企業のほうが，年次有給休暇の取得率や男性の育児休暇取得率が高く，女性だけでなく，男性にとっても働きやすい制度や環境が整備されてい

第2章　企業が直面する人事の課題　　37

図表2－3　なでしこ銘柄選定企業の取り組み事例

制度の分野	主な取り組み施策例
属性に関わらず活躍できるような人事評価や制度構築	個人の評価基準の明確化 年功序列的な賃金体系の見直し 複数人で人事評価を確認する仕組み　等
柔軟な勤務場所を認める制度	在宅勤務制度・モバイルワーク制度・サテライトオフィス勤務 勤務地無限定か無限定の職種／コース転換制度 社員本人が勤務地を選択できる制度　等
柔軟な勤務時間を認める制度	フレックスタイム制度 労働時間短縮制度 半日単位の有給休暇制度 時差勤務制度 時間単位の有給休暇制度　等

（出所）　経済産業省　東京証券取引所「平成29年度なでしこ銘柄」より大和総研作成

るとの結果であった。ここが見逃せないポイントである。

(2)　女性活躍状況の見える化

　次なる施策は，2013年6月に閣議決定された第二次安倍内閣による成長戦略「日本再興戦略」の「雇用制度改革・人材力の強化」の中に，女性の活躍推進として盛り込まれた。このときには，「女性の力」を最大限活かすとして中短期工程表が示され，2019年までに達成するKPIとして「女性就業率（22歳～44歳）73％（2012年：68％）」，「第一子出産前後の女性の継続就業率55％（2010年：38％）」，「男性の育児休業率取得率：13％（2011年：2.63％）」，「指導的地位に占める女性の役割を2019年までに少なくとも30％程度」などが設定された。

　政府では，これ受けて企業における女性の活躍状況の「見える化」に向けて動き出し，2013年9月から「資本市場における女性の活躍状況の『見える化』促進に関する調査」を実施し，「コーポレート・ガバナンスに関する報告書」を対象に，記載要領の一部改訂以降における企業の女性活躍状況の開示に関する調査を行った。これと同時に，女性活躍の記載に関してのガイドとするべく，女性の活躍状況の開示状況と好事例をテーマに企業を選定し，企業の経営者，IR/CSR部門などの担当者，投資家を対象にした「『女性の活躍』と非財務情報の開示～経営戦略としての取組に向けて～」と題するシンポジウムを開催して

いる。2014年には，調査対象を「コーポレート・ガバナンスに関する報告書」だけでなく，「有価証券報告書」，「CSR報告書」，「統合報告書」に拡大して行い，日本においても資本市場における女性の活躍状況の開示が年々進んでいることが明らかになった。

(3)　女性活躍推進に関わる企業の実態

　政策面では女性の活躍推進が図られ，顕彰制度も整備され成功している企業が紹介されるようになったが，実際の現場ではどうなのだろうか。まだ，「入社当時は女性のほうが優秀だが，30代になると男性のほうが伸びてくる」，「女性にはきつい仕事や大変な仕事は頼めない」といった言葉はどこの会社でもよく聞かれるフレーズである。この背景には，日本企業には男性中心型の労働慣行が残っていること，男性上司が男性と同じように女性を育成できていないアンコンシャスバイアス（無意識のバイアス）があることなどである。

　女性活躍のための施策として多いのが両立支援制度である。この制度は子供をもつ女性の働きやすさには配慮しているものの，それ以外の子供をもたない女性や男性にとって何らメリットはなく，かえって不公平との声もある。また，女性の管理職比率は注目される指標の１つである。達成率を高めたい企業の意向は理解できる。しかし，短期的な目標達成のために，能力不足の女性を登用しているとすれば本末転倒である。男性ばかりか，女性からの反発も必至である。「実力もないのにチヤホヤされて調子に乗っている」と揶揄されている事例も少なくない。人材育成の根幹に関わる昇格や昇進に女性活躍だからと手心を加えるようでは，人事制度が根底から崩れ去ることを知っておいていただきたい。

　男性にも育児休暇取得など支援制度は整備されているが，利用者そのものが少ないとか，キャリアアップに響くのではと考えて躊躇している男性も少なくない。また，女性ではキャリアは積んでいきたいが，管理職にはなりたくないという声も聞かれる。男性の育児参加も目にするようにはなってきたが，まだまだ少数派との印象はぬぐえない。会社だけでなく社会全体として，性差を意識しなくてすむような社会環境の整備，組織運営，柔軟な働き方が広まることが必要であろう。

第2章　企業が直面する人事の課題　　39

4 ｜ 勘違いの「健康増進」

(1)　なぜ「健康経営」の推進が求められるのか

　健康経営の推進の背景には，超高齢社会が抱える課題がある。超高齢社会の課題は3点ある。1つは社会保障費の増加により財政が圧迫されていること，1つは生産年齢人口の減少による労働力が低下していること，1つは介護離職による労働力のさらなる低下が懸念されることである。

　高齢化率（65歳以上の割合）は，1980年には9.1％だったが1990年には2桁の12.1％に上昇，2000年には17.2％に，2010年には23％と5人に1人は65歳以上になった。2017年には27.7％と3割に迫る勢いである。（出所：総務省「人口推計」平成29年10月1日（確定値））

　一方，社会保障費の推移を見ると，2016年度の社会保障費は118兆円と，同年の国家予算97兆円を上回る水準である。このうち，医療給付費は約40兆円（2015年度），介護給付費は約11兆円とそれぞれ国家予算と比較しても無視できない規模である（**図表2－4**）。さらに，医科診療費の傷病別内訳を見ると，悪性新生物（がん），高血圧性疾患，脳血管疾患，心疾患，糖尿病などのいわゆる生活習慣病が34.5％を占めている（**図表2－5**）。いかに生活習慣病が医療財政に影響しているかがわかる。

　さらに，平均寿命と健康寿命を比較してみよう。日本の平均寿命は世界一であるが，平均寿命と健康寿命の差は男女平均すると約10年である。この平均寿命と健康寿命の差は，その人が不健康な状態である期間にあたる。つまり，体調を崩しているか病気を患っていて，医療費がかかる状態である期間を意味する。医療財政への負担を減らすには，健康寿命を延伸させて，平均寿命との差をいかに小さくするかが重要になってくる。

　そこで，目指すべき姿として求められるのは，早い段階から予防や早期診断・早期治療の拡大を図り，重症化を予防し，医療費や介護費の伸びを抑制す

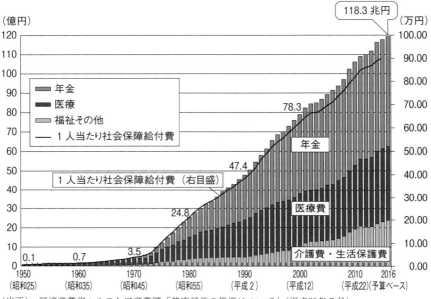

図表2-4　社会保障給付費の推移

（出所）　経済産業省ヘルスケア産業課「健康経営の推進について」（平成30年7月）

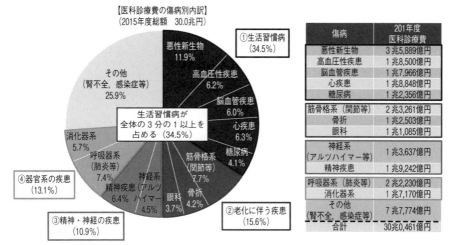

図表2-5　医科診療費の内訳

（出所）　経済産業省ヘルスケア産業課「健康経営の推進について」（平成30年7月）

ることである。これが「健康経営」という考え方が生まれた背景である。

(2) 健康経営の意義と効果

　経営の視点から，健康に配慮することは企業価値にどのような効果をもたらすのであろうか。例えば，世界60ヵ国に250社，約12万7,000人の従業員を擁するジョンソン・エンド・ジョンソン（Ｊ＆Ｊ）は，70年以上も前に作成された「Our Credo」（会社の信条）の中で，全世界のグループ会社の従業員およびその家族の健康や幸福を大事にすることを表明している。同社は2011年には，健康経営に対する投資１ドルに対するリターンが３ドルになるとの調査結果も出している。

　また，採用の面からも効果があることがアンケートで示されている。2016年度に就活生および就職を控えた学生をもつ親に対して，健康経営の認知度や就職先に望む勤務条件などについてアンケート[1]を実施したところ，就活生は「福利厚生の充実度」・「従業員の健康や働き方への配慮」との回答が４割を超えた。また，就活生の親は「従業員の健康や働き方への配慮」・「雇用の安定」が４割以上を占める結果となっており，いずれも「従業員の健康や働き方への配慮」への関心が高いことがわかった。ブラック企業という言葉が広まったこともあり，就活生のみならず，その親も企業選択の視点に従業員に対する健康や働き方に重点を置くようになっている。

(3) 顕彰制度としての「健康経営銘柄」とその効果

　政府は，健康経営に係る各種顕彰制度を推進することで，優良な健康経営に取り組む法人を「見える化」し，従業員や求職者，関係企業や金融機関から「従業員の健康管理を経営的な視点で考え，戦略的に取り組んでいる企業」として社会的に評価を受けることができる環境を整備している。その１つとして，健康経営銘柄，健康経営優良法人認定制度という制度がある。

　健康経営銘柄は，東京証券取引所の上場会社の中から「健康経営」に優れた

1　（出所）経済産業省　商務情報政策局「第13回健康投資WG事務局証明資料①」（平成29年３月31日）p.7

企業が選定されている。健康経営銘柄企業に対しては，健康経営を普及拡大していく「アンバサダー」的な役割を求めるとともに，健康経営を行うことでいかに生産性や企業価値に効果があるかを分析し，それをステークホルダーに対して積極的に発信していくことを求めている。

　健康経営優良法人認定制度とは，地域の健康課題に即した取り組みや日本健康会議が進める健康増進の取り組みをもとに，特に優良な健康経営を実践している大企業や中小企業などの法人を顕彰する制度である。本制度には，大規模法人部門と中小規模法人部門があり，大規模法人部門に対しては，グループ会社全体や取引先，地域の関係企業，顧客，従業員の家族などに健康経営を普及拡大していく「トップランナー」の一員としての役割を求めている。中小規模法人に対しては，引き続き自社の健康課題に応じた取り組みを実践し，地域における健康経営の拡大のために，その取り組み事例の発信などをする役割を求めている。

　これら顕彰制度の評価基準や選定のプロセスはどのように行われているのであろうか。健康経営銘柄を参考に見てみたい。まず，評価基準であるが，公平性を確保するために，健康経営度調査基準検討委員会（以下，検討委員会）が設置され，健康経営の実践度合を「1．経営理念・方針」，「2．組織体制」，「3．制度・施策実行」，「4．評価・改善」，「5．法令遵守・リスクマネジメント」の5つのフレームワークで評価し，それぞれのフレームワークごとの結果にウエイトをかけ，最終評価を算出している（**図表2－6**）。

　選定のプロセスについては，まず「1．経済産業省が健康経営度調査（従業員の健康に関する取組みやその成果についての調査）の実施」，この調査に回答のあった企業を検討委員会が策定した評価基準に基づいて評価し，このうち，東京証券取引所上場会社かつ評価結果が上位20%であった企業を「2．「健康経営」に優れた企業（選定候補）として選出」している。さらに，選定候補として選出され，かつROE（自己資本利益率）の直近3年間平均が0%以上の企業のうち，ROEが高い企業には一定の加点を行う。そして，昨年度の調査回答企業に対しても一定の加点を行い，最終的に評価結果が業種内で最も高順位の企業を「健康経営銘柄」として選定している。

図表2-6　健康経営度調査の評価基準

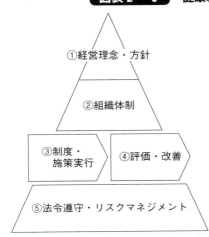

側面	ウエイト
①経営理念・方針	3
②組織体制	2
③制度・施策実行	3
④評価・改善	2
⑤法令遵守・リスクマネジメント	―

※各企業の点数をフレームワークごとに偏差値評価に換算した後，ウエイトを掛け合わせ，健康経営度を測る。

(出所)　経済産業省，東京証券取引所「選定企業紹介レポート『2018健康経営銘柄』」

　さて，この制度の効果はどうであろうか。過去に健康経営銘柄選定を受けた企業の声として，投資家等への情報発信が増えたこと，社内における行動変容が見られたこと，社内外の反響があったことなどが聞かれる。

　投資家などへの情報発信では，就活生向けの会社案内資料に健康経営銘柄に選定されたことを盛り込む，有価証券報告書やCSR報告書等に記載して社内外や投資家に向けて打ち出すなどを行っている。

　社内における行動変容では，経営トップの理解が進み，健康増進計画や社員参加型の健康増進プログラムを充実させていること，各事業所で取り組むアクションや目標が継続して実行されるようになり健康経営が習慣化しているなどがある。

　社内外の反響では，学生の認知度が向上し就活生が増加したこと，内定辞退率の低下が見られた，健康経営への取り組み対する問い合わせが増えたこと，健康経営銘柄に選定された他企業との情報共有を行うことなど，他業種とのつながりのきっかけになったなどの効果が見られている。

　健康経営優良法人の認定を受けた企業でも，大規模・中小規模ともに「自社内での意識の高まり」，「企業イメージの向上」，「コミュニケーション等の向上」，

「労働時間適正化や有給取得率の向上」が共通して効果があったと回答している。

(4) 「健康経営」についての本音

　健康経営については，前述のように「企業イメージの向上」や「学生の認知度の向上」など前向きな評価があるものの，まだハードルが高いと感じている企業も少なくない。平成29年度の健康経営度調査から得られた従業員の健康保持・増進における課題を見てみると，上位には「労働時間の適正化，ワーク・ライフ・バランス確保」，「生活習慣病等の高リスク者の重症化予防」，「生活習慣病等の健常者の発生予防」，「ストレス関連疾患の早期発見・対応」などがあげられている。

　実際，企業の経営層や人事部門の方と「健康経営」について意見交換をすると，「時代として残業時間の削減が求められているものの，若手従業員の確保が難しい状況下では残業の削減は難しい」，「健康に関しては個人の問題という意識が強い従業員もおり，会社からの働きかけに反応が鈍い」，「健康イベントやキャンペーンを企画しても，参加するのは普段からスポーツをしている従業員が中心であり，健康無関心層の参加が増えない」といった本音が聞かれる。

　また，健康経営への取り組みの失敗例としてあるのは，「残業禁止デーや社内運動会などのアクションから入る」，「制度や仕組みをつくることに終始していて効果測定ができていない」，「業種の違う他社の取り組みをそのまま導入する」，「一律な目標設定で共感を得られない（例：朝食を取りましょう，1日1万歩歩こう）」などがあげられる。

　健康経営の推進についても，前述の女性活躍の推進と同様，流行の企業施策として飛びつくのではなく，健康経営の意義について理解を深め，経営トップの関与を促しつつ見える化を進め，従業員の自発的な取り組みとして定着するように配慮すべきである。

第2章　企業が直面する人事の課題　45

5 ｜ 現役世代から疑問視される 「高齢者再雇用」

(1)　高齢者再雇用に関する法律の変遷

　高齢者再雇用の取り組みは，1990年の高年齢者雇用安定法（以下，「高齢法」）改正にさかのぼる。同法では，60歳を定年として，定年後65歳までの再雇用の推進が努力義務とされた。ここでは，60歳定年の実現を基本として，65歳までの継続雇用の推進について企業として努力すべき旨を法律上示したのである。その後，高齢法の改正は，1994年（60歳定年の義務化），2000年（65歳までの雇用確保措置の努力義務化）と行われたが，いずれも福祉的な雇用という観点での施策であった。

　しかし，2004年の高齢法改正（2006年4月施行）では，65歳までの雇用確保措置の法的義務化が定められたことは，企業の高齢者雇用施策の転換点となった。同法をもう少し詳しく見ると，同法9条1項では，高齢者の65歳までの安定した雇用確保のために，「1．定年の引上げ」，「2．継続雇用制度の導入」，「3．定年の定めの廃止」のうち，いずれかの措置を講じることが求められ，高齢者を戦力として考える必要が出てきたのである。

　さらに，2013年4月施行の改正高齢法では，原則として，希望者全員65歳までの安定した雇用が義務となった。この前年（2012年6月）に厚生労働省が発表した高年齢者の雇用状況を見ると，**図表2−7**にあるように雇用確保措置を導入している企業は全企業の97.3％に達している。このうち，「1．定年の引上げ」の措置を講じた企業の割合は14.7％，「2．継続雇用制度の導入」した企業の割合は82.5％，「3．定年の定めの廃止」をした企業は2.7％となっており，継続雇用制度を導入している企業が多い。ただし，ここでは定年65歳を義務化したわけではないことに注意したい。

　高齢者再雇用には，企業経営からすると，今まで培った経験を活かした専門能力の発揮，スキル・ノウハウや人脈・顧客などの継承を通した後進の指導な

図表2−7　高年齢者の雇用状況

高年齢者雇用確保措置(97.3%)	(1)「定年」引上げ(14.7%)	定年年齢を65歳以上とすること
	(2) 継続雇用制度の導入(82.5%)	現に雇用している高年齢者が希望するとき，当該高年齢者をその定年後も65歳まで引き続き雇用する制度
	(3)「定年」廃止(2.7%)	定年制度を廃止すること（65歳以降も働きたいだけ働くことができる）

(出所)　厚生労働省「平成24年『高年齢者の雇用状況』集計結果」より大和総研作成

どが期待されるが，課題はないのであろうか。経団連が2015年に行ったアンケート調査（**図表2−8**）によると，「再雇用後の処遇の低下・役割の変化等により，モチベーションが低下」，「自社において，活用する職務・ポストが不足」，「自社組織の新陳代謝が低下」などが，今後生じる可能性のある問題と回答している。

さらに，年金支給開始年齢が2025年から一律65歳に引き上げられることで，60歳定年制を見直す動きが出ている。厚生労働省の調査によると，定年を65歳

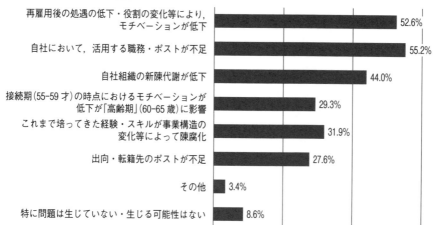

(出所)　日本経済団体連合会「ホワイトカラー高齢社員の活躍をめぐる現状・課題と取組み」（2016年5月17日）p.129より大和総研作成

第2章 企業が直面する人事の課題 47

図表2－9 定年延長の導入事例

企業名	定年延長の内容
すかいらーく	2015年9月，定年を65歳まで延長すると共に，65歳以上70歳までの再雇用制度を新設すると発表。 定年延長後も月例給与と賞与，昇給・昇格は60歳以前と同様とし，家族の介護や本人の健康状態などによっては，短縮勤務を選択することも可能に。
サントリーホールディングス	2013年4月，65歳へ定年引上げ。60歳時点の資格に基づき，新資格（3段階。サポート，メンバー，エキスパート）に移行する。 賃金体系自体は変わらないが，役割・資格の変化により，賃金はそれに見合ったものとなる（7割程度）。
大和ハウス工業	2013年度から全社員を対象に65歳定年制を適用。 61歳以降の年収を旧再雇用制度から引き上げ，60歳時の6－7割を確保。

（出所）　各種資料より大和総研作成

以上に引き上げた企業の割合は，2017年17.8％と2005年の6.2％に比べて約3倍に増えている。業種別では，宿泊・飲食サービス業が29.8％と最も高く，運輸や建設，医療・福祉などの業種でも20％を超えた。人手に頼る業種ほど，定年を延長する傾向が高い。大手企業では，すかいらーく，サントリーホールディングス，大和ハウス工業などが定年の延長を実施している（**図表2－9**）。

　また，さらに進んだ事例も出てきた。営業職を対象に70歳まで継続雇用するとしていた大和証券グループ本社は，職種限定ではあるが2017年7月に定年を廃止した。週5日のフルタイム勤務で給与体系は一般の従業員と同一とし，賞与も営業成績に基づいて同じ基準で支払われる。契約上は嘱託社員となり，1年ごとの更新という。これには人材不足の対応だけでなく，高齢者顧客への営業体制の強化の狙いがあるとしている。高齢者顧客に対しては，若い営業マンよりも高齢者の営業マンのほうが信頼を得やすい傾向にあるからだ。このように，高齢者雇用の考え方にも変化が現れつつある。

(2)　高齢者人材の魅力と課題

　高齢者人材の魅力と課題について，もう少し具体的に確認しておく。まず，魅力からであるが，専門知識と経験が豊富なことである。専門知識だけであれ

ば，若手でも勉強すれば身につけられるが，それを実践で使えるかどうかは経験に勝るものはない。資格を必要とする弁護士・公認会計士・税理士・中小企業診断士・社会保険労務士などでも，資格を取得してすぐに1人で仕事ができるわけではなく，それぞれの事務所に所属して，先輩から指導を受けながら経験を積んでいる。ビジネスマンでも同じである。いきなり営業や生産，開発ができるわけではなく，それぞれの現場で上司・先輩から学びながら一人前になっていくのである。

コミュニケーション能力の高さもあげられる。顧客や取引先とのやり取りは，メールや電話であれ1対1であり，相手に安心感・安定感を与えられるのはベテランである。複雑な案件では機転を利かせて柔軟に対応をする，クレームがあったときにはあわてず騒がず，先方の言い分を聞きながら落としどころを見つけるなどにも長けている。社外だけでなく，社内においてもいざというとき，経営層や他部署の幹部と話をつけてくれる場合もある。

さらに，幅広い人脈をもっていることも魅力の1つである。1つの会社にいても，定期的な人事異動で複数の部署を経験すれば社内人脈は少なくともある。それぞれの現場で，外部の取引先・監督官庁などと接することもある。また，転勤や出向・転職などでの出会い，プライベートでは学生時代の友人，趣味を通じた知人・友人なども含めれば，その広さは企業にとっても財産である。そして，高齢者人材はやりがいを重視するという点も見逃せない。世代にかかわらず人は承認欲求をもっているものだが，高齢者の場合，社会から求められている，自分が役立っているという充実感をより求める傾向が強い。

一方，高齢者人材の課題はどうであろうか。ほとんどの企業で聞かれる内容は，彼らが過去の栄光や実績にしがみつきたがる点である。高齢者の場合，ついつい「昔はこういうやり方で成功した」，「こんな成果を上げて社長表彰された」，「あの会社の社長とも渡り合って大きな仕事を取った」などと語る人は少なからずいる。プライドをもっているからであろう。しかし，過去の栄光や実績だけで現状の職務遂行ができるわけでない。「どのように気持ちを切り替えさせて，今から先を見て仕事に向き合うか」が重要である。

変化に弱いという課題もある。社会情勢や環境変化への適応が難しいという

のも，高齢者人材の弱みである。例えば，ITへの対応である。パソコンやスマートフォンなどの新しい機器や社内システムの変化に弱く，それぞれに慣れるには時間がかかり，パソコンや社内システムの更新時に若手社員のお世話になるのはよく見られる光景である。駅の券売機や銀行のATMで苦労しているのも高齢者のケースが多い。

　さらに，熱意に欠けるという点も見逃せない。前述の変化に弱いということから，新しいことには億劫になるということも熱意に影響するかもしれない。それとは別に，子育てや住宅ローンの負担などがなくなっていれば，仕事に対する熱意や責任感をやや欠いていることもある。つまり，仕事第一ではなくなっているのである。仕事とプライベートの比重が半々か，もしくはプライベートが優先されてしまうというケースである。しかし，仕事は常に今，遂行されるべきものであり，その仕事をしっかりと期限までに対応しないと，取引先・顧客はもちろんのこと，社内の他部署にも迷惑がかかるのである。

　高齢者人材には，その人なりの魅力と課題がある。高齢者そして個人の特性を理解したうえで適正な配置を行い，貢献度を最大限に引き出すことが求められる。

6 │ AI・ITは働き方を変えるのか

(1) ITの活用が変える職場

　チェーン展開をしている居酒屋や回転寿司のお店がちょっと面白い。テーブルに置いてあるタブレットを使えば，好きな飲み物やおつまみ，握りや巻物を注文することができる。準備ができると店員が運んできてくれる。精算も途中までの注文履歴や会計の状況を確かめることができ，参加人数での割り勘まで計算してくれる。タブレットの導入でホールスタッフの削減が進んだ。銀行でも，都心部はATMだけを設置している店舗が増え，有人店舗は減少している。有人店舗においても店頭の行員数は減少している。このようにITの導入により，単純作業や定型業務は人から装置に置き換えられている。

　クラウドサービスの利用もその1つである。オフィス事務では，1人1台のパソコンが当たり前である。これまではそのパソコンにインストールされているアプリケーションやセキュリティソフトのバージョンの更新はそれぞれ個人で行うことが一般的だった。また，ソフトの更新のために，システム部門からはその案内通知と対応マニュアルが別途提供されていた。ところが，クラウドサービスの活用によってパソコンは一括集中管理が可能となり，ソフトを更新する個人と事前準備をするシステム部門の手間と時間は大幅に軽減されている。ITを活用して，時間や場所を有効に活用できる柔軟な働き方も可能になっている。こうした動きは今後ますます加速すると想定される。その動きは，仕事の時間を短縮するというよりも，仕事そのものを削減してしまうと考えるほうが正解であろう。

(2) テレワークの広がり

　テレワークの形態はさまざまであるが，雇用形態から企業に雇用されている「雇用型」と個人事業主による「自営型」に大別される。このうち，雇用型の

第2章　企業が直面する人事の課題　51

図表2-10　雇用型テレワークの分類

分類	内容	企業での導入率（%）
在宅勤務	自宅でのテレワーク	29.90%
モバイルワーク	営業活動など，外出先で業務を行うテレワーク	56.40%
サテライトオフィス勤務	本来の外出先以外のオフィスで行うテレワーク企業が整備した専用の拠点や支店を利用する「専用型」と，共有のサテライトオフィスを利用する「共用型」の2つに細分される。	12.10%

（出所）　総務省「平成29年通信利用動向調査」（平成30年）より大和総研作成

テレワークは勤務する場所により，**図表2-10**のように「在宅勤務」「モバイルワーク」「サテライトオフィス勤務」の3種類に分けられる。

このテレワークは，企業と従業員の双方にメリットがある。企業にとっては人材の離職抑制・就労継続支援の創出，企業ブランド・企業イメージの向上，事業運営コストの削減などが期待でき，従業員にとっては生産性の向上，自立・自己管理的な働き方，仕事全体の満足度向上と労働意欲の向上などが期待できる。

テレワークの導入目的で多いのは，「勤務者の移動時間の短縮」，「労働生産性の向上」，「勤務者にゆとりと健康的な生活の実現」，「通勤弱者への対応」という点であり，従業員の働きやすい職場の実現に関する項目が多くなっている。これには，企業が従業員に働きやすさを提供するとともに，今後の人材確保が厳しくなる中で，従業員の雇用継続を維持したいという考えが背景にある。

(3)　テレワーク利用の課題とその対応

テレワークの利用は，従業員にとって働きやすさや生産性の向上をもたらすものではあるが，課題も存在する。指摘されるのは，情報セキュリティ，コミュニケーション，労務管理である。

情報セキュリティについては，漠然とした不安（どのような情報セキュリティ対策を行えばよいのか不安，情報セキュリティ対策を行ったが情報流出が発生するのではないかという不安など），情報漏えいのリスク，第三者からの

ぞき見される，端末の紛失や盗難などが課題とされている。コミュニケーションでは，テレワーク実施者と通常勤務者との間で円滑なコミュニケーションができるのか，労務管理では個々のテレワーク実施者の労務管理の難しさが，それぞれ課題とされている。

しかし，これらの課題もITツールの活用によって解決することが可能になってきている。例えば，情報セキュリティに関しては，端末デバイスの選び方（サーバー上でほとんどの機能がカバーされ，データが端末に保持されないシンクライアントや簡単な機能だけ集約されたタブレット型PC，移動中に社内向けに届いたメールの確認や社内掲示板上のスケジュール確認が可能なスマートフォンなど），システムの方式（クラウド型アプリ方式＝WEB上からクラウドアプリにアクセスして，どこからでも同じ環境で作業が可能なシステム，会社PCの持ち帰り方式＝会社で使用しているPCを社外に持ち出し，情報セキュリティの担保されたネットワークを経由して社内システムにアクセスして業務を行う方式など），さらに本人認証や暗号化通信，端末認証などの情報セキュリティ技術を活用するなどして対策を講じることが可能になっている。

コミュニケーションについては，WEB会議システムやテレビ会議システム，インターネット電話，チャットなどを利用することで業務を円滑に進めることが可能だ。労務管理では，勤務管理ツールや在席管理ツールを利用することで勤務状況を可視化できる。

(4)　AIの導入による自動化の進展

人工知能の領域では，さまざまな変化が現れている。巷では，将棋やチェスの対戦でAIがプロに勝利したというニュースをはじめ，家庭生活では，お掃除ロボットが動き回り，人間の質問に音声応答するスピーカーなど，さまざまな事例を見かけるようになってきている。車の自動運転もすぐそこまできている。このAIは，仕事の世界にも変化をもたらしている。

コンピュータの処理速度が劇的に進化したことに加え，複数のコンピュータで連携しながらビックデータを扱えるようになり，AIはさまざまな分野に応用され能力を発揮するようになってきた。

第2章 企業が直面する人事の課題　53

図表2-11 　人工知能（AI）の導入による業務の効率化事例

導入目的	導入事例	導入効果
業務の自動化	・画像認識による自動ピッキング，品質管理 ・チャットボットによる自動応答 ・与信審査の自動化 ・記事作成の自動化 ・アンケートの自動振り分け ・議事録の自動作成	・作業時間の短縮ないしは一人当たり処理量の向上 ・熟練者のノウハウ継承 ・人間の正確さを超えた処理（画像認識の正確性等）
可視化，分析	・画像診断 ・大量文章分析（電子カルテ分析，論文・特許分析） ・好みの推奨（レコメンデーション） ・需要予測 ・デジタル・フォレンジック ・セキュリティー対策	・作業時間の短縮ないしは一人当たり処理量の向上 ・人間の正確さを超えた予測（需要予測等） ・人間が扱えない大量のデータ（ビッグデータ）の処理（大量文章分析やデジタル・フォレンジック等）
その他，業務支援	・コールセンターにおける回答事例提示 ・文書検索 ・通訳・翻訳	・作業時間の短縮ないしは一人当たりの処理量の向上 ・熟練者のノウハウ継承

（出所）　総務省「ICTによるインクルージョンの実現に関する調査研究」（2018年3月）

　AIの活用は，業務の効率化にも応用されている（**図表2-11**）。例えば，顧客の問い合わせに対する回答候補の提示やチャットボットによる自動応答，アンケートの自動振り分け，画像診断，好みの推奨（レコメンデーション），デジタル・フォレンジック，自動翻訳・通訳など，さまざまな分野で取り組みが進んでいる。

　AIの活用による労働力の代替可能性について，さまざまな推計が行われている。英国オックスフォード大学のマイケル・オズボーン准教授とカー・ベネディクト・フレイ博士は，"The Future of Employment: How Susceptible are jobs to computerization?"（2013）の中で，米国において10-20年以内に労働人口の47％が機械に代替可能であると試算している（平成30年版　情報通信白書p.193）。

　伝票入力や請求書などの定型文書の作成や経費申請のチェック・計算，ビルや会社の受付，品質の検査業務，簡易審査業務などの定型的な業務は，AIの

導入によって機械に置き換わってきている。

　AIの導入によって，人は職場を失うだけなのだろうか。機械で代替可能な職種は削減されることになるだろうが，機械化の導入や運用をサポートする職種や機械だけでは判断できない例外対応や質の高い判断処理を行う職種が生まれる。そこに新たな雇用機会が創出される可能性はある。そのために，AIの普及に応じて，従業員に求められる能力も変わりつつあり，「学び直し」としてリカレント教育が注目されている。また，企業としての対応も今から準備しておくことが重要である。

7 │ 避けて通れないハラスメント問題

(1) ハラスメントの歴史

　歴史的にそれぞれのハラスメントを振り返ると，1980年代は男性上司から女性部下に対して行われる不快な性的言動が「セクハラ（セクシャル・ハラスメントの略）」として広まるようになってきた。当初は男性が加害者，女性が被害者というのが一般的だったが，今では男性も被害者の対象とされている。2001年には「パワハラ（パワー・ハラスメントの略）」という言葉が登場した。職場において，権限などのパワーを背景とした本来業務の適正な範囲を超えた行為が違法不当であるとの認識が広まった。さらに，2010年頃から，妊娠・出産を理由とした精神的・身体的嫌がらせ行為である「マタハラ（マタニティ・ハラスメントの略）」も問題とされるようになった。

(2) ハラスメントの定義と分類

　セクハラの定義を，男女雇用機会均等法では，「職場において行われる性的な言動に対する労働者の対応により当該労働者がその労働条件につき，不利益を受け，または当該性的な言動により当該労働者の職業環境が害されること」としている。

　セクハラの分類には，対価型と環境型が存在する。対価型は文字どおり，職場において行われる労働者の意に反する性的な言動に対する反応により，その労働者が解雇，降格，減給などの不利益を受けるものをいう。環境型は，職場において行われる労働者の意に反する性的な言動により労働者の就業環境が不快なものとなったため，能力の発揮に重大な影響が生じるなど，その労働者が就業するうえで看過できない程度の支障が生じるものである。環境型は，さらに視覚型・発言型・身体接触型の３つに分けられる（**図表２−12参照**）。

　パワハラについては，法律や判例などで明確に定義されているわけではない

図表 2 − 12　セクハラの類型と事例

類型	類型の説明/事例
対価型	労働者の意に反する性的な言動に対する労働者の対応（拒否や抵抗）により，その労働者が解雇，降格，減給，労働契約の更新拒否，昇進・昇格の対象からの除外，客観的に見て不利益な配置転換などの不利益をうけること。
対価型の事例	・出張中の車内において上司が女性労働者の身体を触ったが抵抗されたため，その後その女性労働者に不利益な配置転換をした。
環境型	労働者の意に反する性的な言動により労働者の就業環境が不快なものとなったため，能力の発揮に重大な悪影響が生じるなどその労働者が就業する上で看過できない程度の支障が生じること。
環境型の事例 （視覚型）	・職員が女子トイレにビデオカメラの入ったダンボールを放置し，その職員は懲戒免職。
環境型の事例 （発言型）	・社内で顔を合わせると必ず性的な冗談を言ったり，容姿，身体に関することについて聞く職員がいる。 ・女性の同僚からいつも，「○○君，あっちに行って，臭いから」等と言われ，精神的に辛い。
環境型の事例 （身体接触型）	・上司が部下を個室に呼び込んで，身体を触るなどのセクハラ行為をする。 ・「疲れただろう」といって，気軽に肩を揉んでくる。

（出所）　各種資料より大和総研作成

　が，2012年1月に公表された円卓会議WG報告では，「職場のパワー・ハラスメントとは同じ職場で働く者に対して，職務上の地位や人間関係などの職場内の有意性を背景に，業務の適正な範囲を超えて，精神的・身体的苦痛を与える又は職場環境を悪化される行為をいう」と提案している。以下をパワハラの行為類型としている。

　その類型は，**図表2−13**にあるように，「身体的な攻撃」，「精神的な攻撃」，「人間関係からの切り離し」，「過大な要求」，「過小な要求」，「個の侵害」の6つである。

　マタハラについては，従来から禁止されていた事業主が行う行為を「不利益扱い」，上司・同僚による就業環境を害する行為を「ハラスメント」と呼んで区別して定義している。そして，マタハラを防止するため男女雇用機会均等法および育児・介護休業法の改正により，2017年1月から必要な措置を講じることが企業等に義務づけられることとなった。厚生労働省は「職場におけるハラ

第2章 企業が直面する人事の課題 57

図表2-13 パワハラの行為類型

1．身体的な攻撃	暴行・傷害
2．精神的な攻撃	脅迫・名誉毀損・侮辱・ひどい暴言
3．人間関係からの切り離し	隔離・仲間外し・無視
4．過大な要求	業務上明らかに不要なことや遂行不可能なことの強要，仕事の妨害
5．過小な要求	業務上の合理性なく，能力や経験とかけ離れた程度の低い仕事を命じる，仕事を与えない
6．個の侵害	私的なことに過度に立ち入る

（出所）　厚生労働省「職場のいじめ・嫌がらせ問題に関する円卓会議ワーキング・グループ報告」（平成24年1月）より大和総研作成

スメント対策マニュアル」の中で，「妊娠・出産したこと，育児や介護のための制度を利用したこと等を理由として，事業主が行う解雇，減給，降格，不利益な配置転換　契約を更新しない（契約社員の場合）といった行為は『不利益取扱い』となります」と明記している。また，上司・同僚による職業環境を害する行為をハラスメントと呼び，労働者の職業環境が害されることを防止する措置を講じることが事業主に義務づけられている。

(3)　ハラスメントの防止・対応方法

　職場のハラスメント防止にあたっては企業自身が問題の重要性を認識するとともに，現場の現状を踏まえて具体的な対策を講じる必要がある。経営方針であれ事業計画であれ，経営者自らの意識や姿勢はその企業全体に影響を与える。その点では，トップ自らがハラスメント防止のためのメッセージを発信する，社内でのハラスメント研修会に参加をするなどの姿勢を示すべきである。

　次にやるべきことは，現場の実態・従業員の意識をモニタリングすることである。例えば，年に1-2回アンケート調査をするのである。このとき，ハラスメント防止が目的であること，プライバシーの保護がなされている点については明示すべきである。なお，アンケート調査はハラスメント調査単独でなくとも，定例の自己申告書の調査の中に加えても良いだろう。

　従業員全員がハラスメントに関する理解を深めるためにも，教育・研修は重

要である。会社の規模にもよるが，外部研修に参加させるだけでなく，自社内で外部講師を招聘するなどして意識を共有させることも効果が期待できる。対象は役職員全員となるが，管理監督者向けと従業員向けに分けるとよいだろう。研修内容と方法はどちらも同じ内容となろうが，管理監督者向けには職場の責任者であり，より職場環境に配慮すべき立場であることを理解してもらう必要がある。

　どのような防止策を取っていても，ハラスメントは起こり得る。その際の相談・苦情処理体制を整備しておくとともに，全従業員に周知することも必要である。相談窓口は，水際の対応であり，迅速かつ適切な処置を行えば早い段階での解決が見込まれる。その際，相談窓口の対応の範囲を明確にするとともに，深刻で対応が難しい案件を無理に解決しないようにすることが大切である。相談窓口は，専門の相談窓口を設置（社内・社外）するのが一般的である。相談者を不利益に扱うことのないようにするのはもちろんだが，被害発生時に相談しやすいように，相談窓口・担当者を明示すべきである。また，複数の担当者を選任し，必ず男女とも含めることがポイントだ。苦情処理機関は，相談窓口での解決が困難な場合，相談案件が重大と見られる場合に，その問題解決処理にあたる体制として必要である。

　ハラスメント問題の解決には特効薬はない。モニタリング・周知・研修を繰り返していくこと，そしていざというときのための相談窓口や苦情処理の手続きの体制を整備しておくことが重要である。

第3章

2040年，AIの力で大転換を遂げる人事制度の考察

　第3章では人事を取り巻く環境変化や現状の課題を踏まえ，人事制度の将来像あるいは考え方について考察を深める。20年後の2040年は，人工知能が人類の知能を超えるターニングポイントになるという予測もある。2020年〜2030年がAIやロボットや自動化の稼働準備期，2030年〜2040年が本格稼働期となるだろう。そして，2040年以降にAIやロボットが特定の分野で人間の知能を追い越すのかもしれない。果たして，そのときに人間はどのような仕事をしているだろうか。私たちの日々の生活は，どのように変化するだろうか。

　AIは人から仕事を奪うのだろうか？　答えは「No」である。確かに，AIの登場で消滅する仕事はあるが，その仕事に就いていた人の存在を否定するものではない。新しい仕事が生まれ，そちらへシフトしていくことを期待したい。もちろん新しい能力開発や助走期間は必要となる。むしろAIをよきパートナーとして活用し，自らはより高いレベルの仕事へとレベルアップできる可能性が高い。現状の仕事を今より短時間で遂行し，実質賃上げを実現するシナリオを想定する。

1 │ 2040年ショック

(1)　AIが人類の知能を超えるか

　2040年頃，AIは人類の知能を超えるかもしれない。この仮説はシンギュラリティ（Singularity）と呼ばれる。米国の未来学者レイ・カーツワイルが，2005年に提唱した概念である。当然のことながら，AIが暴走する事態は回避しなければならないが，その効用は大いに期待されるところである。このAIの進化により何が起こるのか。大方の予測は，人間の仕事がなくなるという内容だ。議論の行方は揺れている最中だ。

　多数の調査機関が，仕事が激減し人間が不要になると伝えている。確かに，AIにより現在の仕事のいくつかはAIに置換される可能性は高い。だからといって，すぐに失業に結びつけることは時期尚早である。仮にある仕事が消滅しても，新たに生まれる仕事や需要が高まる仕事もあるからだ。AIがいかに発達しても，人間でなくてはならない仕事がまだまだ存在するはずだ。

　重要なことは仕事がなくなることではなく，従業員が新しい仕事に適応できるか否かである。当然のことながら，慣れるまでの時間や研修等の支援も必要となる。それ以上に従業員本人の意識改革が必要である。多くの従業員にとって，仕事が変わるということには大きな抵抗感が伴う。これまで磨いたスキルが全く役に立たなくなる場合もあるかもしれない。一方で，現実を直視すると適応していかなければ自分の居場所はなくなる。仕事がAIに置換されれば，相当数の従業員が配置転換を余儀なくされる。

　まだ20年先のことと悠長に構えている余裕はない。今30歳の従業員が，20年後の50歳の時に仕事の転換を余儀なくされると仮定しよう。定年が65歳としても，残りの時間は15年間もある。未来を俯瞰すれば，その準備は今から計画しておくべきであることは明白だ。

　年齢を経過するほど，新しいことへの適応時間は長くなる。あるいは適応が

第3章 2040年，AIの力で大転換を遂げる人事制度の考察 61

難しくなる。最悪の場合は，適応が不可能ということになる。こうした事態を回避するためにも，2040年を想定した複数の仮説を用意することが重要である。企業は，こうした仮説を視野に入れた将来の人材配置や教育訓練プログラムの開発を検討することが求められよう。

(2) 人材の分水嶺

AIによる仕事の置換はかなり進むと想定される。新しい仕事への転換を余儀なくされる従業員。その中で新しい仕事に適応し，新たなチャンスをつかむグループと適応できないグループに分化するだろう。AIのサポートを受けて，従来以上に自分がやりたい仕事に集中できるグループもあるはずだ。いずれにしても，AIにできることはAIに任せて，人間がやるべき仕事は何かを突き詰めることが必要である。こうした取り組みを経て，変化に適応できない従業員を最小化することが重要である。

AIが仕事を奪うという表現は適切ではない。AIは，従業員の生産性を飛躍的に向上させる役割を担う可能性が高いからだ。個々の従業員が，AIという技術革新に対してチャンスと捉えるか脅威と捉えるかが大きな差を生むことになるだろう。前者は機会を得るだろうし，後者は残念であるが雇用機会を失うかもしれない。企業はこうした事態を少しでも回避するために，積極的に情報を開示すべきである。そして，従業員の意識改革を促すことである。職種ごとに消える仕事・残る仕事という分析もあるが，厳密には職種の中で消える仕事・残る仕事があると捉えることがより賢明であろう。

従業員に問われることは能力の高さではない。新しい環境に適応できるか否かである。**図表3－1**にその概念を示した。適応力が備わっていれば十分にその存在意義を認められる。適応力はスキルよりもマインドが占める割合が大きい。本人が「まずやってみよう」と思うか否かだ。最初から「私には無理」と心を閉ざしてしまえば，機会を喪失することになる。初期段階の気持ちのわずかな差が，後の大きな差になる可能性が高い。それは仕事の内容，勤務条件，報酬あらゆる場面で表れるであろう。企業は従業員に対して，スキルアップ以上に新しい環境への適応力を高めることの重要性を丁寧に伝えるべきである。

従業員がこれまでの仕事にしがみつくのではなく，変化という壁の向こうにはすばらしい世界が開けていることを知ることが第一歩である。

図表3－1　環境変化への適応

現　在　　　　　環境変化　　　　　適　応

（出所）　大和総研作成

2 │ 変貌する人材の地政学

(1) 消滅する仕事

　かつて鉄道会社の改札は自動化され，銀行の窓口業務の一部はATMに代替された。AIやITの普及により，小売業の店舗におけるレジ業務も無人化されるであろう。スーパーマーケットやコンビニなどはその代表格である。ドラッグストアや衣料品などの量販店の一部も追随するであろう。すでにホテルのフロントでも決済業務を自動化している事例は存在する。2019年の消費増税（執筆時点では予定）や2020年東京オリンピック・パラリンピック，2025年大阪万博などをきっかけとして，電子決済や自動決済の比率はさらに高まるだろう。

　一気に消滅しないが，業務が激減する職種の代表格の1つが一般事務の仕事だ。単純定型的な反復業務である。例えば，各種の入力業務や伝票発行，顧客への送付書類の発送，社内の経費の精算業務，資料の会議資料のコピーなどがあげられる。これらの仕事はAIやIT，RPAが普及するまでの移行期間は導入準備のための業務負荷が増加する。一時的に需要が高まるが，その後は急速に縮小へと向かうことになる。しかし，現在これらの仕事に就いている人材が失業するわけではない。新しい能力開発や配置転換を経て，さらに高度な業務にステップアップする可能性がある。一定の時間は要するが，AIやITを利用してさらに高度な業務を遂行する機会を得ることになる。

　例えば，営業所で受注処理や伝票発行をしていた営業事務の人材は，事務処理作業から解放される。今後はAIを駆使して顧客に関する分析を行い，営業活動をより効果的に行うためのサポート業務を行うようになる。さらには営業職へ転身し，より多くの報酬を得る機会もあるだろう。あるいはインターネットを活用して販売を行っているビジネスならば，対面営業を必要としないため，ネット通販などの営業部門への転職や異動は比較的容易である。

　今後の課題は，一般事務やレジ業務のように，AIやITに完全に置換される

仕事に就いている人材の再活性化である。AIやITが本格稼働をするまでの約10年間に，新たな能力開発や配置転換を行う必要がある。例えば，一般職から総合職への転換を促すなどの施策が選択肢の1つとなる。規則に沿って処理する仕事はAIやITが最もふさわしい。感情を入れず，ミスもなく，淡々とこなしていく仕事である。どのような分野であれ，このような仕事に人間は要らなくなるであろう。

(2) 現状維持の仕事

部長，課長といった管理職（組織の役職者）はその位置を維持できる。製造現場の一部では部下の多くがロボットという事例は出現するであろうが，ロボットを管理する人材は存在する。このような仕事は，10年後もAIやロボットに置換される可能性は低い。同時に，優秀なAIが役職者の参謀，いわゆる知恵袋の役割という事例は出現する。医療や介護，対面接客による営業，製品開発業務，マーケティングなどの領域では依然人間が優位性を発揮する。これらの領域では，品質や生産性を高めるために積極的にAIやロボットを活用するだろう。自らはより深く考える，課題の捉え方を変えてみるというような，創造のための時間を増やすようになる。企業の管理部門のスタッフも減少し，データ収集や集計といった処理業務からは解放される。少数の精鋭化スタッフが，より優れた企画立案や改善策の計画・実行を求められることになるであろう。

(3) 新しく生まれる仕事

AIの進化は止まらない。AIの開発に係る仕事は拡大する。さらにAIを管理する，制御する仕事が生まれる。AIが間違った方向に走り始めるような事態は回避しなければならない。法律や規則を遵守しなければならないことは前提条件である。2040年には，AIが人類の知能を超えるとも予測される。確かに，ある領域ではそのようなことが起こる可能性はある。もしAIが人類の知能を超えたならば，人間はAIの活用を誤らない方向へ誘導しなければならない。単に効率や収益だけではなく，倫理観や公正性，法令遵守というような視点の

判断が求められる。AIの最適配置や最適稼働を監視する仕事は重要度を高めるだろう。

　モノづくりの分野では，製造プロセスの革新や３Ｄプリンター等の普及により，大きく変貌を遂げる可能性が高い。モノをつくる仕事は，確実に省人化と自動化が進むことが想定される。現場における従来の生産管理業務や品質管理業務も後退し，工場内の作業や管理の仕事は相対的に減少する。代わって，将来のモノづくりを想定したモデル工場のコンセプトを考案するような仕事は注目される。生産コストや品質レベルに加えて，為替リスクや自然災害リスク，政治的なリスクも考慮した工場の評価や格付けが常識になる。製品開発や販売促進の仕事もAIと協働したバーチャル製品試作，バーチャル販売促進のように仕事の仕方が変化するだろう。これまで必死にやってきた仕事がスマートになり，人間はコミュニケーションを通じてより優れた新製品企画や新サービスの開発に集中することになるだろう。

　AIやロボットを駆使した技術革新が，労働環境に大きな影響を与えることはいうまでもない。技術革新を中心に人材市場への影響を想定した全体像を**図表３－２**に示す。さらに消費者の嗜好やライフスタイルの変化により新しいサービスが生まれ，人材市場に量的質的な影響を与えることになる。

図表 3 − 2 未来の人材勢力図

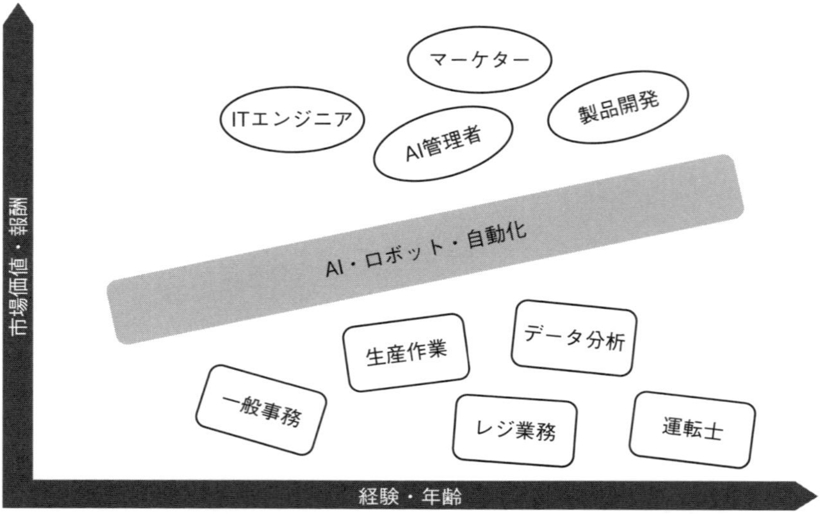

市場価値・報酬

マーケター
ITエンジニア
AI管理者
製品開発

AI・ロボット・自動化

生産作業
データ分析
一般事務
レジ業務
運転士

経験・年齢

（出所） 大和総研作成

3 AIで人事管理が変わる

⑴ 従業員満足度が最重要の経営指標に

　従業員満足度調査は多くの企業で行われている。しかし，その結果が効果的に人事施策に反映されている事例は少ないのが現状だ。むしろ調査を行うことが目的化している。従業員満足度が低下すれば，当然のことながら顧客満足度の評価も低下するだろう。さらに，優秀な従業員は転職を決意することは明らかだ。残念ながら，従業員満足度を高めることはコストアップにつながると考えている企業も少なくない。

　AIが普及しようとも人材は残る。そして，企業の価値を左右するのはAIではなく人材であることに変わりはない。従業員満足度の向上は人事部の課題ではなく，経営レベルの課題となる。働き方，評価，処遇すべてにわたりその質が問われることになる。従業員満足度の向上は中長期的に企業価値に反映される。

　新卒者あるいは転職者の採用においても，報酬や休暇の日数だけではなく，従業員満足度のスコアが重視されるだろう。従業員満足度の評価点も企業固有の内容に加えて，業界や国の横断的な基準が形成される可能性が高い。ESG（Environment（環境），Social（社会），Governance（企業統治））やSDGs（Sustainable Development Goals）の取り組みも，これらの評価項目やスコアリングの判断に影響を与えることになるだろう。

　これまでは報酬が高ければ労働時間は長い，あるいは労働時間が短ければ報酬は低いというように，何かを得るために何かを我慢するのが当たり前であった。これからは違う。労働時間を短くして，かつ報酬も上げようという時代になろうとしている。従業員の意識は大きく変化しようとしている。企業も従来の発想では対処が難しい。仕事の内容，労働環境，報酬のバランスが問われる。さらに，勤務時間も含めた働き方の自由度や裁量も重要な視点である。

従業員満足度を高めるためにはコストが伴う。そのコストを単なる支出と見なすか，将来への投資と考えるかが大きな分かれ目だ。投資と見るならば必ず期待のリターンがあるはずだ。リターンがコストを越えるならばチャレンジする価値がある。従業員満足度を向上できない企業は優秀な従業員を獲得する機会を減らし，中長期的に企業価値を低下させることになる。そこがまさに経営判断である。単純に長時間労働＝ブラック企業，短時間労働＝ホワイト企業といった言葉も死語となるだろう。

(2)　人事データの高度活用

　採用から退職までの人事に関するデータは，AIの力を借りて大いに活用されるようになる。単なる所属組織の履歴更新だけではない。どのような仕事に関わり，どのような役割を果たし，どのような成果を生み出したかについて詳細な記録が残る。同時に，人事評価の結果，等級や昇給金額，賞与の金額，保有する資格，受講した研修，出張，労働時間についても記録される。自己申告書や社内アンケートなどへの回答内容も同様に扱われるだろう。その活用は，昇格や昇進，新規プロジェクトメンバーへの推薦，社内表彰，配置異動などに活用される。

　特に昇格・昇進や異動は人事部が相当な労力を割いていたが，AIの力によりごくわずかな時間で試案が出来上がる。そこに管理職や経営幹部が調整を加えるだけで完結できる。従来の反省点である上司の好き嫌いによる人事異動，優秀な部下の囲い込み，責任を部下に押しつけるような左遷などは姿を消すことになる。従業員満足度を低下させる要因を排除するよう，厳格に運用される時代になる。さらには，従業員満足度を低下させる可能性がある不適格人材の管理職登用をブロックすることになる。

　部下育成の素質がない，ハラスメントのリスクがある，公正な人事評価を行う能力が欠落している者が単なる年功で昇進する時代は過去のものとなるだろう。不適格者はAIによりあぶり出され，管理職の非候補者リストに分類される。その結果は本人にもフィードバックされる。改善事項や今後のキャリアについての想定や見通しについても通知される。

第3章　2040年，AIの力で大転換を遂げる人事制度の考察　69

マネジメントの能力が不足していれば，専門分野でスペシャリストやエキスパートという領域で能力を発揮することになる。このとき3つの選択肢が考えられる。1つは過去に経験があり能力を発揮できる仕事で実務を担当する。1つは能力を発揮できる実務の教育や育成に携わることである。1つは全く新しい分野に挑戦することである。

可能性や期待度が高い人材に対しては新規プロジェクトへの参加を促す，積極的な異動を薦めるといったフィードバックもある。過去に成功した先輩社員の事例紹介やどのような仕事に関与すべきか，そこで何を身につけるべきかにも言及がある。こうしたフィードバック内容はAIにより導かれ，直属上司による面談や人事スタッフとの面談を通じて従業員に適時伝えられる。

これまでは人事評価のフィードバックすらまともに実現できなかった。AIの助けを借りることで人事データの活用は飛躍的に高まり，それは従業員満足度を向上する方向に作用する。こうした積み重ねが功を奏して，中長期的な顧客満足度の向上につながる。最終的には，企業価値の向上へのつながる好循環が完成する。企業価値の向上は株主の満足度を高め，さらなる投資の機会や資金を得ることになる。

(3)　従業員が人事制度に真剣な関心を寄せる

従業員は意外に自社の人事制度を理解していない。例えば，研修制度や福利厚生制度はすばらしい仕組みが存在しているのに活用されていない事例に遭遇する機会も少なくない。従業員の専らの関心事は，人事評価と賞与の金額，そして人事異動である。自社の人事制度をどのように活用すれば自分のキャリア開発が進むのか，どの研修を受けることが可能かなどの情報には意外に無頓着である。人事部のPR不足もあるだろうが，それだけが原因ではない。

人事制度は入社時に簡単な説明を受ける程度で，それ以降は制度改定などの通知があっても内容を熟読する従業員は少数である。労働組合も賞与の妥結額を強調する場合が多く，従業員も妥結の金額や支給月数しか関心がない。さらに，従業員には逐次人事部に制度の詳細を問い合わせるのが面倒であるという意識があるようだ。

しかし，AIは人事部と従業員の意識のギャップを見事に埋めてくれる。人事部への問い合わせへの回答はほとんどAIが応答する。懇切丁寧な回答が実現されるだろう。そうすることで，従業員の意識は変化し，人事制度をもっと知ろう，使いこなそうとする行動へと変化するはずだ。これは労使ともにメリットがある。

　さらにAIが進化すると，「最近労働時間が増えていますね。少し休暇をとりませんか」というような気の利いたメッセージを送ってくれるだろう。また，自分の休暇の取得日数，会社全体や部門の取得日数の平均値の情報を定期的に知らせてくれる。AIは生産性向上のための情報や働き方の工夫を先取りしたサポートをする強力な相棒的な存在になる。

4 | 人生100年時代と定年制廃止

(1) 65歳定年延長

　公的年金の支給開始年齢は65歳である。これに対応するため，当面65歳まで
の定年延長がトレンドとなる可能性が高い。かつて55歳定年が60歳定年になっ
たように，5年間の延長となる。その後，65歳から70歳までが継続雇用となり，
やがて定年制は廃止になると想定する。人材の需要を新卒や中途採用で満たせ
ない以上，定年延長は必須の対応となる。その後，AIの普及や技術革新を経て，
必要な要員数は低減されるだろう。企業固有の事情もあるが，全体として人材
の不足感はこの20年間がヤマとなる。

　20年後を想定してみよう。一部の企業や業界では70歳までの雇用ニーズはあ
るはずだ。また，公的年金の支給開始が65歳よりも上がれば，さらに継続雇用
を希望する従業員がいることも想定される。一方，65歳で完全なリタイアを希
望する従業員も存在する。例えば，独身者で経済的な余裕がある単身世帯。あ
るいは夫婦で働き，経済的に余裕がある世帯である。さらに，65歳を待たずに
60歳でリタイアを希望する従業員も存在するだろう。今後定年延長をする際に
注意すべきことは，移行期間の設置である。

　仮に2020年に65歳定年制へ移行すると仮定しよう。すでに60歳定年を前提に
ライフプランを設計している従業員も存在する。退職金の支払いを前提に住宅
ローンの返済や引っ越し，転職等々計画があるかもしれない。退職金の支払い
が突然「5年後になります」という事態は想定外となる。したがって，ある程
度の準備期間が必要となる。おおむね5年間程度が1つの目安となるだろう。
移行期間の5年間は，60歳定年と65歳定年を選択することが可能となる。最高
で5年間あれば，55歳の従業員には5年間の検討期間が与えられる。5年間あ
れば相当の検討や準備ができると考える。

(2)　2040年に定年制廃止か

　65歳定年までは，ほぼ既定路線である。そして70歳までの継続雇用となる。その後，定年制は廃止へと向かうだろう。1つは働き方の多様化に伴い，定年年齢を一律にしばるのは時代に逆行することになるからだ。1つは夫婦で働くことが当たり前になり，経済的に恵まれ，必ずしも70歳までの勤務を希望しない従業員が存在すると想定されるからである。公的年金の支給開始年齢は高くなり，70歳までの雇用を希望する従業員は存在する。一方で，70歳までの勤務が前提となる制度に抵抗感がある従業員も，少なからず存在するであろうと推測する。

　特に優秀な従業員は常にチャンスに恵まれる。自己実現を果たすために，早期の退職を希望する人材も少なからずいるだろう。定年の延長による退職金の支払い時期が遅くなることには抵抗があると考えられる。適材適所の視点から雇用の流動化を活性化することが望ましい。以上の理由から，やがては定年制が廃止となる可能性が高いと推測する。加えて，退職金に触れておこう。退職金は勤続年数が増えると金額も増加する仕組みが多い。同時に定年時に支給される退職金額が最大となる。満額の退職金を受け取りたいために，仕事に不満を抱えつつ勤務するようであれば，労使双方にデメリットである。したがって，退職金制度もいずれは消滅の方向へ向かうであろう。あるいは勤続年数によらない支給方式や毎月の報酬に加算する仕組みが主流となるであろう。

　これまでは，定年退職と退職金支給と年金支給開始がワンセットであった。現在は年金支給開始時期が遅くなり，連動して定年が延長されようとしている。やがては70歳までの雇用機会はあるが，定年制と退職金は消滅へ向かう。従来の退職金原資は現役時代の報酬に反映される。退職後に備えるための貯蓄も，徐々に会社制度から自分年金へと変化する。自分年金とは，自分のライフプランの実現へ向けて自分で設計する貯蓄や投資である。将来的には，確定拠出年金や積立NISAへの拠出限度額が引き上げられることを期待したい。これらのプランは節税効果もあり，かつ商品も多様で長期の運用が可能である。

(3) 平均寿命は100歳へ

　従業員の健康意識の高まりや健診制度の充実，医療技術の発展により平均寿命は100歳へと近づく。平均寿命とは生まれてから死ぬまでの期間である。日本人は世界でもトップクラスである。同時に健康寿命の延長も期待される。健康寿命は，自立した生活を送れる期間である。入院や介護を必要とせずに生活できる期間であり，平均寿命が延びると同時に健康寿命が並行して延びることが望ましい。平均寿命が延びても健康寿命が延びなければ，不健康な状態で老後を暮らすことになるからだ。また，社会保険費用の負担の軽減という視点からも，健康寿命の延長はより重要な課題である。

　現在，平均寿命と健康寿命の差は約10年といわれる。これは死亡するまでの最期の10年間は，何らかの支援や介護を必要とすることを意味している。この10年をいかに短くするかが課題である。健康に関する自己管理や自己啓発が求められる。健康経営銘柄なども含めた官民をあげた取り組みにより，企業も従業員の健康増進に積極的に取り組んでいる。従来は，いわゆる健康診断の受診率向上や疾病の早期発見に重点が置かれていた。いわゆる受動的な内容が中心であったが，最近は従業員の能動的な取り組みが注目されている。

　例えば，フィットネスクラブへ通いエクササイズを行う，マラソンなどのイベントへの参加する，通勤時に1駅歩くなど多様な試みが実践されている。運動以外に，ストレスをためないことも健康増進の大きな要因であるといわれる。職場のコミュニケーション改善の取り組みも進行中である。あるいは年休の取得促進も注目されている。しっかり休みを取ることでリフレッシュすることが望ましいのはいうまでもない。日本全体の休暇取得率は約50％。先進国の中では低い水準である。休暇については会社が計画的に取得を促す動きも活発化している。

　50年間働く時代がもうすぐやってくる。企業は従業員に対し，入社時から長期のキャリアプランやライフプランを作成する意義を伝え，研修や自分の計画づくりをする機会を提供することが重要である。さらに，その活動を支える健康管理や健康増進に関して，企業が提供するプランと従業員が自発的に取り組

む内容を最適化することが期待される。**図表3－3**に基本的な考え方の参考例を示す。

　人生100年を充実して過ごすのは容易ではない。仕事とお金，日々の生活，健康の３つがバランスよく調和し，満足感や幸福感を体感できるかが重要だ。「人生100年時代になったが，疲れるだけ」という事態は避けなければならない。未来のことは誰にもわからない。いかに上手く対応していくかがポイントである。そのためにキャリアプランやライフプランの想定が欠かせないのである。想定があれば冷静な判断と選択が可能になるだろう。

図表3－3　人生100年設計

項　　目	企業が提供するプラン	従業員が取り組むプラン
健康管理	健康診断，人間ドック 法定以上の休日，フレックス勤務 在宅勤務，職場環境改善	計画的な休暇取得 体を動かす習慣 業務の標準化・平準化
健全な家計	同一労働同一賃金 確定拠出年金 ファイナンス教育	計画的な貯蓄と投資 ライフプランの設計 研修・セミナー参加
生きがいや 達成感	公正な人事評価 表彰制度，昇進・昇格 適正な配置・異動，転職斡旋	キャリアプランの設計 趣味や特技の発見と継続 ボランティア等の社会貢献

（出所）　大和総研作成

5 「ゆとり世代」の台頭

(1) ゆとり世代のイメージが逆転

　ゆとり世代の定義は諸説あるが，ここでは1987年～2003年生まれとしておく。これは現在の高校生から30歳前半の人が該当する。ゆとり世代とは，ゆとり教育を受けた世代のことである。ゆとり教育の対語として詰め込み教育があげられる。ゆとり教育は詰め込み教育の反省のもとに行われたが，その後の評価は正否が分かれるところである。企業の人事的視点から考察すると，50歳台のいわゆる昭和世代のゆとり世代に対する評価が芳しくない。参考までに意見を列挙してみる。

　「指示したことはやるが，それ以上はやらない」

　「おとなしい」

　「何でもメールで済ませようとする」

　「会社の飲み会には参加しない」

　「ストレス耐性が弱い」

等々である。しかし，これらの意見はゆとり世代に限った現象ではなく，ゆとり世代との因果関係は極めて曖昧である。

　ゆとり教育は，詰め込み教育で失われた「自分で考える」教育を目的に掲げていた。学習量を減らし好きなことをさせようという狙いだった。教科書に書いてあることを強制的に覚えさせるのではなく，重要な部分に絞り込んだ。その代わりに体験を重視し，地域との交流や工場見学，体験学習，自然と交わる学習などの機会が設けられた。まさに机上の学習のみではなく，体験や経験を重視するという点ではむしろ好ましい方向ともいえる内容であった。

　ゆとり世代の先頭集団は現在30歳である。20年後の2040年には，彼らは50歳を迎える。その頃，彼らを批評した世代はリタイアしている。まさに，ゆとり世代は今後の日本の中核を担う人材である。時間軸を変えることは不可能であ

る。だとすれば，ゆとり世代の弱点をあげてうんぬんする時間は無駄であることに気づくべきではないだろうか。むしろ，ゆとり世代の強みを活かす方法を考えることが建設的である。

　それに気がついている企業は，すでに試行錯誤を重ねている。ゆとり世代のチームリーダーへの登用や新規プロジェクトへの参画など，可能性を試す取り組みは始まっている。ゆとり世代は偏差値一辺倒ではなく，個性を取り戻そうという試みもされた世代である。自分さえよければ良いということではなく，他人への思いやり，優しさも学んだことであろう。世界中でこれらのリテラシーが再認識され，問われているところだ。ゆとり世代の評価は，むしろこれからが本番ではないだろうか。そして，20年後のゆとり世代の評価は，現在の評価とは全く違う内容になるだろう。

(2)　ゆとり世代への期待

　世界情勢も消費者のライフスタイルも，過去の常識があまり通用しなくなっている。そこには新しい視点や捉え方が必要だ。そして20年後を想定すると，時代の牽引役はゆとり世代である。時代をつくる，時代を見つめる先駆者がゆとり世代ということになる。ライフスタイルや行動パターン，ビジネスなど，あらゆる領域でゆとり世代の価値観が反映されるであろう。ビジネスモデル，商品開発，サービス開発，あらゆる分野で変化が起きる。例えば，所有からシェアやレンタルへというような変化である。

　ゆとり世代は，コスパ世代と形容されることもあるようだ。コスパとはコストパフォーマンス重視の消費行動を意味する。決して安い物だけを購入しているのではない。支払う金額に見合うかどうかを判断しているのである。実際，自分が価値を感じている消費には結構な支出をしている。その反面，価値を感じない消費は最小限に抑える傾向がある。「今どきの若者はお金を使わない」という，何となく聞きなれたフレーズを鵜呑みにすると大きな間違いを犯すことになる。

　ゆとり世代は残業を嫌うというのも大きな誤解である。若いうちに仕事を身につけたい，多くの経験を積みたいという希望もかなり多い。法律を超える残

業は論外であるが，一定の残業は苦ではなく，積極的に仕事をこなしたいという層も確実に存在する。ゆとり世代の特徴を正しく理解し，潜在能力を引き出し，活かすことが求められる。人事スタッフには，思い込みやこれまでの常識を疑う姿勢が必要である。そうでなければ真の従業員満足度を向上させることはできない。

　ゆとり世代の中には，学生時代の体験をヒントに起業する人材もいる。あるいは就職先の選択に過去の経験を反映している人材もいる。若い時代の経験で得た感動はインパクトが強く，その後の人生に大きな影響を与えるらしい。だとすれば，学生時代に多くの体験をしてきたゆとり世代は，大きな可能性を秘めたグループと捉えることができよう。

(3)　そして新元号世代へ

　時代は新元号へ移行する。20年後には，新元号の先頭集団が社会人になり始める。昭和でもない，平成でもない，新しい世代の登場である。かつて「ゆとり世代は生まれたときから携帯電話に触れていた」といわれたが，これからは「生まれたときからロボットに触れていた」といわれるかもしれない。さらにその先は，宇宙旅行が当たり前になるかもしれない。

　テクノロジーは，私たちの生活をより便利に快適にするために進化を続ける。次の世代はさらに賢くなり，新しい価値観を構築するであろう。当たり前のようにAIを使いこなし，仕事を効率的にこなすワークスタイルが想定される。そして自分の時間を重視し，自己啓発やコミュニケーションを楽しむ。バーチャルとリアルが融合し，そこに新しいビジネスや商品・サービス，エンターテインメントが生まれるであろう。ゆとり世代はその礎となる基盤を構築する役割を担うことになる。

6 | キャリアプランとライフプラン

(1) 人生設計の重要性

60歳定年の時代は，約40年間を企業で過ごしたことになる。定年延長や雇用延長により，最大で10年程度伸びる可能性がある。雇用される期間は最大50年程度となるだろう。人生100年といわれるが，その半分を企業で過ごすことになる。かつては，ゴールが課長や部長といった管理職ポストであった。今後は，管理職を退いた後のキャリアもイメージしておく必要がある。

「実力があれば年齢や性別は問わない」が原則である。しかし，加齢による能力の後退は避けられない側面があることも事実である。新卒で入社し，キャリアを磨いて頂点へ，さらに引退までのキャリアを設計することは容易ではない。キャリアプランを考える間に，起業や転職を検討する可能性もある。その可能性も含めて，自分のキャリアパスを想定するべきであろう。

人生設計はキャリアプランとライフプランから構成される。したがって，仕事や報酬中心のキャリアプランのみでなく，ライフスタイルも含めた生活についての想定をしておくことが欠かせない。どこに住むか，住宅はどうするか，子どもの教育はどうするか等々，テーマは盛りだくさんである。これらのプランは一度計画したら終わりではない。定期的に見直し，修正を加えればよい。

重要なことは，想定をしておくことである。想定があれば，何か変化があってもあわてないで済む。想定がないから，余計な行動や余計な支出をしてしまう可能性が高くなる。想定があり，どのように対応するかがポイントである。例えば，自然災害がその典型だ。自然災害の発生を人類が制御することは不可能である。問題は，事前準備や起こった後の対応である。この準備や対応の差が，その後の明暗を分けることになる。

キャリアプランやライフプランを検討する際は，自分の夢や目標の実現と同時に，リスクとなりそうな事象も検討に加えておくことである。実際に計画ど

第3章 2040年，AIの力で大転換を遂げる人事制度の考察 79

おりになる可能性は誰にもわからない。むしろ，何が起きてもそれなりに上手く対応していくことが重要である。そのための訓練ともいえよう。計画には自分の意思を正しく反映することである。これからの変化はこれまで以上に速いし，変化のボラティリティーも高くなると思われる。企業も，これまでのように画一的な制度やメニューを提供できるわけではない。ある程度の選択肢を用意し，従業員が自らの意思で選択する時代になる。従業員は制度の内容を理解し，自分の価値観や計画に最も適した選択をすることが求められる。

(2) キャリアプランは期待先行がよい

キャリアプランは仕事や昇格・昇進，報酬に関する計画である。一般的には，時系列に右肩上がりのトレンドとなる。昇格や昇進は報酬の増加が期待される。企業の制度には当然制約条件はあるが，個人がキャリアプランを作成する段階では，そのような要素は無視しても良い。ある従業員が30歳で年収1,500万円を希望したとする。しかし，その企業の制度では無理であるとすれば，転職をするしかない。あるいは，自ら起業して達成するしか方法はない。企業の制約条件を考えると，夢や目標はどんどんしぼんでしまうだろう。だから夢や目標には制約条件をかけないことだ。ゼロベースで考えることがコツである。

特に若手の従業員にはこの過程が必須である。一度は手づくりのキャリアプランを設計してほしい。その計画が実現するかしないかは重要ではない。計画を作成するプロセスで，自分なりの考えを出していくことが重要である。例えば，定年まで勤務するか転職するかは結果論である。多様な選択肢を自分で真剣に考えることが有意義である。そうすることで，タイミングよくチャンスをつかむこともできる。新規プロジェクトや新規事業の立ち上げに上手く参画できるかもしれない。

こうした機会は偶然かもしれないが，そのチャンスをつかむためには，想定していることが必要である。そうでなければ，機会があってもチャンスであると気がつかないからである。こうした研修は，ライフプランとともに早い時期に従業員に体験してもらうことが望ましい。自分の期待値先行で取り組んでほしい。もし，理想の姿が浮かばないときは，消去法でやりたくないことから書

き出せば良いだろう。そうすれば本当にやりたいことが見えてくるのではないだろうか。

　目先の昇進・昇格や報酬のためではない。人生100年時代を俯瞰した試みである。客観的に時代背景や今後の変化を理解し，そのうえで主観的に自分のキャリアプランを積極的に描くことである。このような自分のプランをもつ従業員は，働き方や仕事への姿勢が他者とは違ってくる。それは上司にも伝わり，機会があれば積極的に声をかけるであろう。海外での経験を積みたいと決めたならば，普段の上司との会話や評価のフィードバック面談で，積極的にPRすることが重要である。PRがあれば上司も積極的に支援しようとするはずだ。人事部や直属の上司には，個々の従業員の夢や目標について情報収集や理解を深め，キャリアプランの実現に向けたサポートを期待したい。

(3)　ライフプランとキャリアプランはバランスが大切

　ライフプランはキャリアプランと性格が異なるが，両者は密接に絡み合う。キャリアプランが充実していれば，ライフプランもおおむね上手くいく確率が高い。あるいは，ライフプランが充実しているから，キャリアプランが上手く運んでいるともいえるかもしれない。いずれにしても，鶏と卵の関係である。それぞれが独立変数ということではない。極論であるが，年収の違いによりライフプランは影響を受ける。

　年収が上がれば選択肢は増えるが，年収が思うように伸びなければ選択肢は限定される。それは住宅探しと同じである。重要なことは，年収が高い低いではない。自分が思い描くライフプランとキャリアプランのバランスが取れるか否かである。将来のことは誰にもわからない。まず，自分がやりたいライフプランを描く。その実現に適したキャリアプランを考える。最後に，収支計算をしてみる。計画の考え方を**図表3－4**に示す。そこで気づきがあり，さらに計画をブラッシュアップすれば良い。計画を考えるだけでは結果は得られない。ある程度考えたなら，行動を開始することである。ちょっとした工夫でも良いから，まず行動をしてみることだ。状況に応じて定期的に自己診断をしてみる。必要であれば計画を修正すれば良い。これを繰り返すことで，より充実した人

図表3－4　キャリアプランとライフプランの考え方

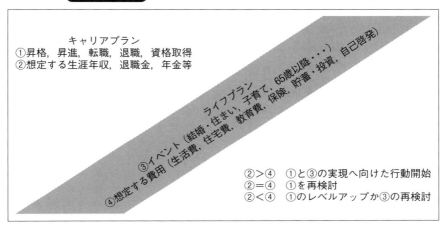

(出所) 大和総研作成

生を過ごすことが可能になるだろう。まちがっても他人との比較はしないことである。自分の，自分による，自分のための人生であるからだ。

　管理職への昇進や年収の高低を競う時代は終焉を迎える。夫婦で働けば相応の収入は確保できる。仮に年収の格差が生じるとすれば，それは勝ち負けではなく選択の結果である。それ以上に，自分あるいは家族がどのようなライフスタイルを指向するかが重要である。それに応じた働き方や仕事を選べば良い。

　かつては，皆が同じような方向を向いていた。しかし，そうした発想は遺産になりつつある。皆と同じ道を選べば，競争や勝ち負けということになる。自らが主体的に選択したなら，それは競争ではない。自分の価値観で生きることになる。年収が幸福度の指標に使われることもあったが，従業員が本音で感じる幸福度が問われるだろう。年収が高くても，ストレスがたまる一方では幸福とはいえない。企業は，こうした従業員の真の幸福度向上を目指すための支援を充実させることが重要である。

7 報酬制度の行方

(1) 初任給という考え方が後退する

　初任給は学歴別に相場が形成されている。そして，中途採用の転職市場でも，一定の範囲で年収相場が形成されつつある。今後は初任給さえもスキルや潜在能力などを評価し，一律の金額ではなくなる。やがては，個別に初任給が決定される時代になる。単純に大学院へ進学すれば初任給が高くなるわけではない。入社後は一定水準までの定期昇給は残るが，その後は仕事の重要度や利益への貢献，目標の達成度等を総合評価され年収が決まっていく。

　すでに同一労働同一賃金の考え方は政府方針として打ち出されている。したがって，若年層は育成期間については能力給の発想は残るだろうが，管理職や専門職の手前の等級やグレードからは職務給へと移行する。仕事の内容や成果，目標達成度に応じた社内の報酬テーブルがある。さらに，転職市場の動向を加味した補正が行われた報酬テーブルが運用される。もちろん，こうした報酬テーブルの作成や改定にはAIが活躍するであろう。

　初任給はもちろん，在籍する従業員の報酬が適正水準かの検証も定期的に行われる。成果や評価を判断し，報酬が少なければ翌年は補正の必要がありとの情報提供がAIにより発せられる時代になるだろう。同一労働同一賃金という場合，同一労働の定義が難しい。したがって，同一職種同一賃金，同一役職同一賃金という考え方で運用することになるだろう。

(2) 報酬制度は限りなく年俸制へ

　現在の報酬体系は基本給・手当・賞与・退職金である。これが基本給と賞与に，あるいはこれを合算した年俸制へと移行する。残業時間も低減され，時間外手当の算定基礎という概念もやがてはなくなる。労働時間の重要性は低下し，仕事の内容と成果による評価が問われる。現在も企業規模や役職等の年収金額

第3章　2040年，AIの力で大転換を遂げる人事制度の考察　83

などはかなり把握できる環境にある。あるいは，転職者の情報から年収の水準
に関する情報は相応につかんでいるといえよう。

　人事部の悩みは，自社の課長の年収が800万円とすれば，その金額が仕事の
内容と責任，成果に照らして適正か否かの判断ができないことにある。確かに，
課長の年収相場が800万円である情報は理解した。問題は，他社の年収800万円
の課長の仕事と自社の課長の仕事がほぼ同じレベルなのか，差があるのかとい
う点である。何となく自社の役職者の年収は仕事に比べて甘いとか厳しいとい
う感覚は存在するが，詳細までは把握しきれていない。

　業界の会合などで偶然そのような情報に触れると，焦りを感じる人事スタッ
フも少なくないと思われる。例えば，同業他社の課長の年収は自社より100万
円高いらしい。しかし，仕事の内容も当社以上に厳しいし，成果を出している
という情報を知ると居ても立ってもいられないのではないだろうか。その理由
は，やがて競合他社が業績を伸ばし，企業価値を向上するからである。それに
比べて，自社は相対的に企業価値を低下させるリスクを抱えることになる。そ
れは，近い将来優秀な人材を獲得することが難しくなることも予見させる。

　そのためには，人事部は年収水準の比較だけではなく，従業員1人当たりの
売上高や利益を含めて総合的に判断しなければならない。人事部は報酬水準や
労働分配率は把握しているが，報酬と業績の関係は意外に分析されていない場
合が多いと感じる。売上や利益は経営企画部や財務部にお任せではなく，人事
部も積極的に関わる姿勢が必要である。

　人事部のもう1つの悩みは，同じ等級や役職ならば，優秀者・標準者・標準
未満の者において，昇給や賞与でいくらの差が適正かという悩みである。これ
についても大まかな情報は流通しているが，決定打となる情報が少ない。また，
金額差がついている制度設計でも，従業員の90％が標準評価であれば，ほとん
ど差がつかないことになる。ほぼ全員がB評価で，従業員のモチベーションが
上がるだろうか。やってもやらなくても結果が同じであれば，ほどほど仕事を
していれば良いと考える従業員が増えてもおかしくない。さらに，優秀な従業
員は黙って会社を去るだろう。

　筆者のこれまでのコンサルティングの経験値は次のとおりである。標準評価

の金額を100とすると最高評価が120, 最低評価が80であれば従業員は一定の差があり, いわゆる競争原理が作用すると認識するようだ。最高評価が110, 最低評価が90であればそれほど差がないと考える傾向がある。もちろん業種や職種の差もあるので, その点はお含みおきいただきたい。

さらに優秀な上位層は, 制度設計がどうであれ最高のパフォーマンスを追求する。それでも報酬に納得がいかないときは転職を選択する。

将来的には, 金額の水準や評価による適正な格差, 評価段階の分布状況と企業業績を組み合わせて分析することが重要になると考える。こうした分析もAIが最適解を導き出すことになるだろう。そのためには, 今からデータの蓄積と整理を行っておくことが賢明である。自社の報酬テーブルと市場価格に柔軟かつ機動的な対応を迫られるため, 金額決定の自由度が高い年俸制が普及すると考える。

(3) 諸手当・退職金の未来

福利厚生は, 特に大企業を中心にその恩恵を受ける従業員が多かった。いわゆる基本給や賞与とは異なるフリンジベネフィットである。住宅手当や家族手当, 食事補助等が代表的な例である。最近は, 従業員の健康という視点から健康診断や人間ドックの充実が進んでいる。一方で, 諸手当は属人的な配分になる傾向が強く, 該当しない従業員からは配分の公正性という視点で疑問を呈される場合も少なくない。時代の変化でその内容の再考を求められている手当もある。

例えば, 家族手当がそうである。家族手当は一般的に生計をともにする配偶者, 子どもに支払われる。かつて, 専業主婦が多数だった時代にはこれがフィットした。今日女性活躍が標榜され, 夫婦で働くことが多数を占める時代に移行すると, 家族手当の存在価値は変化している。少子化から脱却する視点から, 子ども手当の充実を優先する企業が急速に増加しつつある。

さらに, 夫婦で働き, 育児も介護もやらなければならない世帯が増加する。そうなれば, 転勤に対応できる従業員は激減し, 転勤者が例外ということになる。したがって, 転勤手当も大きく変化することが想定される。職務給的な発

想が主流となり，仕事とは無関係の手当は存在意義が薄れていく。特に，教育の無償化も含めて，子育ては税金などによる対応も加速している。こうした背景があり，多くの諸手当は廃止や改定を求められるであろう。

退職金制度は当面は続くが，定年制の廃止とともにやがて消滅を迎えることになるだろう。ただし，その時期は2040年以降になる。定年延長は行われるが，退職金原資を増額させるには慎重な検討が必要である。大企業の場合は，55歳で退職金の引き当てを終了している企業も少なくない。

定年は65歳まで延長となるが，退職金の引き当ては60歳で終了が1つの目安となる。退職金廃止後のプランは，次の選択肢が想定される。例えば，確定拠出年金の活用である。税制優遇を最大限活かして，従業員の資産形成をサポートしてくれる。今後は，毎月の拠出額の増加などの法律改正にも大いに期待したい。一方で，投資のための従業員教育もしっかりやる必要がある。また，選択の主体は従業員である。現時点では退職金をリタイア後の生活設計に組み込んでいる従業員が多数である。したがって，長期の移行計画を設定し，段階的に制度移行する必要がある。

(4) 少なすぎる昇格昇給と意外に短い昇格インセンティブの賞味期限

多くの企業で等級制度を採用している。新卒クラスから始まり部長クラスまで，6～8ランク程度の等級が設定されている。等級が上がることは昇格である。昇格時は通常の定期昇給とは別に，昇格時の昇給が伴う。この昇格昇給が，従業員のモチベーションにかなりの影響を与える。昇格とは，ある等級を卒業し，1ランク上位の等級に進むことを意味する。仕事の難易度も上がり，守備範囲も広がる。それに報いるために昇格昇給が存在する。過去の実績と期待感で上位の等級に上がることになる。しかし，その金額が微々たる水準であったなら，従業員はどのように感じるであろうか。これしか上がらないのに，責任だけが重くなるだけで旨味がないと感じてもおかしくない。そうすれば，成長意欲よりも現状維持でよいという意識が芽生え，昇格本来の目的が果たせない結果となる。

特に非管理職から管理職に昇格（昇進）した場合は，原則時間外手当がつかなくなる。最低限時間外手当相当分が昇給しなければ，管理職になった達成感が薄れるであろう。例外的に給与水準の高い企業や一部の業界を除いては，この問題は深刻である。特に優秀な従業員ほど仕事を任され，残業時間も多かった。それを察すると月額で100,000円以上の昇格昇給がなければ不足となる計算になる。等級が上位になるほど対象者は絞られてくるので，ここで原資を惜しんではいけない。不満が出る水準では，制度設計に失敗しているといわざるを得ない。年俸制へ移行しても，この課題の本質は同じである。相応の金額を用意するか，その管理職のポストが本当に必要かの議論が求められる。

　昇格や昇給，あるいは昇進し役職に就くことは従業員にとってはビッグイベントだ。多くの従業員が達成感を得るはずだ。さらに努力しようと一瞬は決意を固めることになる。しかし，その賞味期限は意外に短いことがわかっている。おおむね3ヵ月程度である。これも従業員へのインタビューにより明らかになっている。3ヵ月も経つと，昇格後の報酬が当たり前の日常となる。残念であるが，昇格したときの喜びも色褪せてくるのだ。次の昇格までは数年あるのが一般的である。その数年間どのようにモチベーションを維持，あるいは高揚させるかが鍵となる。それはお金ではなく，仕事そのものから得られる達成感に立ち返る必要がある。上司は期待を込めてより難易度が高い仕事への挑戦，会社全体に影響がある特命プロジェクトへの参加，海外赴任，社内表彰の受賞などの機会を通じて動機づけを行わなくてはならない。

8 ｜ 時代が変化しても最難関の評価制度

(1) 難攻不落の人事評価

　公正な人事評価は，どの企業にとっても永遠の課題だ。しかしながら，そこには評価者の感情が入り込む。その結果，評価結果に差がつかない中心化や，総じて部下に甘いという寛大化などの評価エラーが発生する。評価エラーは，評価を受ける従業員には迷惑な話である。会社が決めた基準に沿って公正に評価されるべきである。しかし，現実には評価者の好き嫌いという感情が入り込んでいるのが実情だ。コンサルティングの場面では，必ずこの事態に直面する。感情を排除するという視点ではAIが優れている。そこで評価の一部にAIを活用しようというアイデアが浮かんでも不思議ではない。例えば，勤務時間，メールの頻度やその内容，行動記録，残業管理，営業実績等は可視化が可能である。可視化が可能であれば，そこにAIが活用できる余地があるといえる。これらを一律のルールで評価することが従業員にとっては公正である。

　さらにAIが進化すれば，従業員は，上司に代わりAIに適切な助言を受ける機会も増える。短期的な改善はむしろAIに任せ，上司は長期的，大局的な視野で本質的な指導や助言をすることが期待される。人事スタッフは可視化が容易な指標の立案や活用の仕方について考えることになる。評価は客観性が重要である。評価の要素や配点，評価方法は何らかの手順を経て定量化される。同時に，会社の戦略や価値観をどのように指標に反映するかという主観のつくり込みを経営層が担うことになるだろう。

　企業は，本当に評価したい人材像のモデルを明確に従業員に提示する必要がある。仕事の中身は日々小さな変化をしている。1mmの狂いもない基準を提示することは無理である。それをつくり込むために時間とコストを投入することは無駄である。どの従業員が読んでも納得できる基準であれば，そこには多少の冗長的な部分があっても許容される。評価エラーを100％回避することはか

なり難しい。しかし、評価エラーを70％低減することは可能である。そのためには公正な基準をつくり、評価の素材となる仕事の中身を可視化し、評価者への教育を行い、そしてそれらにAIを上手く活用することである。

　例えば、バーチャルリアリティーの技術を活用し、サンプル事例を映像化する。評価者に映像を観てもらい、模擬評価を行う。そこで模範解答と解説が加えられる。こうした研修は効果的である。集合形式の評価者研修は、模範解答とギャップがあると参加者の居心地が悪くなる。映像による研修ならば、いつでも1人で何回でも取り組むことができる。継続的に事例に触れることで評価者のスキルは確実に向上すると考える。

　従業員からの支持が高い多面評価がある。これは、部下や近接部門の同僚などが対象となる上司を評価するものである。この評価を採用する企業も増加傾向にある。評価結果は人事部やさらにその上の上司から本人にフィードバックされる。この評価の結果を報酬に反映する企業は少数である。現在は上司に気づきを提供する、あるいは考える時間を提供することが目的のようだ。ただし、この方法にもいくつかの課題がある。いわゆる上司に対する人気投票になるリスクがある。さらに、部下からの評価が公正ではなく、単なる部下の好き嫌いで評価する懸念も払拭できていない。現時点で特効薬はないが、いずれにしても納得性が高い基準のつくり込み、AIによる客観性の打ち出し、そして評価者に対する教育の3本柱は効果的である。将来、人事評価が全自動で行われる時代が来るかもしれない。そこに到達するにはこうした土台作りが必須であり、その努力は決して無駄になることはない。いくらAIが優秀でも、ネタや素材がなければ前進はないからだ。

⑵　目標管理制度を人事評価から切り離す

　目標管理制度は、長年にわたり人事の領域では重宝された手法である。その有用性は将来にも引き継がれるだろう。その一方で、容易な目標を設定して評価点を稼ぐなどと揶揄される一面もある。また、目標の適正性を上司が公正に判断しているかという課題も残っている。あるいは、目標設定した仕事しか注力していないという声もある。毎年同じことの繰り返しで目標のネタも尽きて

第3章　2040年，AIの力で大転換を遂げる人事制度の考察　89

いる等々，従業員からの評判は良くないのが現状だ。

　さらに，目標を設定するために多くの時間を割いていながら，その効果は否定的な意見が多数である。目標管理制度については，人事スタッフも現場任せにしている場合が多い。現場からは目標管理制度に限界を感じているメッセージが寄せられているが，改革は先送りされているようだ。

　あなたが職場の上司だとしよう。部下に公正な目標を割り振ることができるだろうか。本音ではかなり難しいと感じるのではないだろうか。実は，こうした課題を抱えて目標管理制度を続けることは得策ではない。目標設定の時点ですでに難題を抱えながら，それを公正に評価することなど不可能に近いといっても過言ではないからだ。不公平感が残る，時間がかかる，その割に効果を感じないのであれば，上司も従業員も何の利益も得られない。

　そこでご提案である。一度，目標管理を評価の対象から外してみてはいかがであろうか。目標管理の有用性は否定しない。しかし，運用には課題が多いことはわかっている。目標管理を評価の対象から外すことでお金が絡まないので，前向きに目標管理が運用できる可能性が出てくるのだ。目標管理を評価のツールではなく，効率的な仕事をするためのツールと位置づければよいのである。お金の呪縛から解放されれば，さらに挑戦的な内容やドラスティックな改善のアイデアが創出される確率も高くなる。日々の仕事の生産性や付加価値を高めるためのツールとして，目標管理制度を再活用することが効果的である。

　一方，管理職（役職者）には，この目標管理が意外にフィットする。組織の目標は予算やその他の計画値の達成がほとんどである。目標がシンプルであり，その内容は経営判断で決定した内容である。そこには有利も不利もない。必達の要件である。達成度も容易に把握できるから評価もしやすいし，エラーも起こりにくい。達成できるか否かは，実行計画と進捗管理にある。いわゆる作戦である計画と，行動である進捗管理である。結果が未達成であれば計画が甘かったか，行動の質と量に問題があったという結論に至る。管理職の役割は優れた計画を立案し，計画に沿った行動を部下にさせることだ。

　目標が公正かつシンプルであり，結果が可視化できるならば目標管理は大いに機能する。当然のことであるが，期中で結果が思わしくなければ，作戦変更

や行動の変更もありだ。そうした工夫を柔軟に加えて，予算や計画の達成へ向かうのが目標管理である。目標も計画もほぼ完璧であるが，部下の行動に少々不安があると仮定する。だとすれば，部下とのコミュニケーションの接点を増やす目的で，報告や連絡よりも相談の機会や時間を増やすことが重要なポイントになるはずだ。まさに，ここが目標管理の真骨頂になる。

(3)　AIの支援で評価エラーは激減する

人事評価は多くの企業で運用されている仕組みである。実は，人事評価シートにも巧拙の差が生まれることがある。人事評価シートには部下を評価するための評価要素が記載されている。例えば，専門知識，改善提案力，企画力，折衝力という名称である。これらの要素ごとに評価し，ルールに従ってA，B，C…という判定を下す。その後，Aは10点，Bは7点という具合に点数を記入し，さらに全体の合計点を計算して最終の評価を決める。アナログの人事評価シートでは，上司が計算ミスをしないように慎重な記入が求められる。上司は，評価要素ごとにAかBあるいはCの判定に細心の注意を払う必要がある。ところが，ある企業では上司が評価の点数記入と計算のミスを犯してはならないと思い込み，重要なAかBかCかの判断に集中できていない事象があることがわかった。そこで人事考課シートの点数集計を自動化したら，評価の精度が高まった事例もある。

新しい人事評価シートは，パソコン上のプルダウンメニューからA，B，C…を選択するだけでよく，上司は点数集計から解放されたのである。その結果，上司はAかBかCかの判断に集中できる環境が整った。部下のためを思い，集計ミスをしてはいけないという意識は重要である。しかし，それ以上に重要ことは，公正な評価を判断することである。人事評価シートにちょっとした改善を加えることでも，違いが出ることがある。将来は，AIがさらに精度の高い情報を提供してくれる。業務実績はもちろん，勤務状況や行動実績などから，生産性や組織目標達成への貢献度に至る事実に基づいた情報である。他者の噂や上司の思い込みによる情報ではない。AIは，いわば新鮮な評価のネタを提供してくれる。上司はそれらの情報と自らの判断を加えることで，より精緻な

評価を下すことができる。

　上司が評価段階の判断に迷うこともある。Ａ評価とＢ評価かどちらが正しいのか。人事評価を経験した人ならば一度は直面する事象である。コンサルティングの現場では，インフォグラフィックを活用した改善の試みも行っている。インフォグラフィックとは，図やイラストなどを活用して視覚に訴求するツールである。道路標識もその一例である。各評価段階に最も近いイラストのイメージをリンクさせて，評価の判断のサポートをする仕掛けである。完璧ではないが，評価する管理職からは判断の際に一定の効果があるとフィードバックを受けている。その具体例を**図表３－５**に示すので，ご参照いただきたい。

　人事の領域で使われる「能力」とは，職務の遂行能力である。この能力は，

図表３－５　評価段階にインフォグラフィックを活用した参考例

評価	ビジュアルイメージ	迷った時の判断基準
S		該当する評価要素は，在籍する等級の中で最上位，あるいは１ランク上位のレベル （超優秀・あっぱれ）
A		該当する評価要素は，在籍する等級の中で上位のレベル （優秀・お見事）
B		該当する評価要素は，在籍する等級の中で標準の（中位）レベル （標準・よくやった・頑張った）
C		該当する評価要素は，在籍する等級の中で標準未満のレベル （標準に届かず・残念・もう一息）
D		該当する評価要素は，在籍する等級の中で最下位のレベルあるいは１ランク下位のレベル （要改善・要指導）

（出所）　大和総研作成

指導や育成，本人の努力により後天的に磨かれるという前提である。「あの人は仕事ができる」という言葉を耳にする。営業であればトップセールス，販促であれば優れた企画案を連発する人，事務職であればとにかく仕事が正確で速い人，というイメージである。実は，仕事に関する能力の多くは可視化ができないのである。能力は仕事の結果により類推するしか方法がない。

　人事評価では，能力評価と業績評価は代表格であることはいうまでもない。業績はほぼ可視化が可能である。ところが，能力は仕事をさせて，その結果を見なければ評価ができないのである。例えば，仕事のスピードが速ければ，専門知識のレベルが高いのだろう，判断力に優れているからだろう，あるいは経験が長いからだろうという仮説が成り立つ。仕事ぶりを観察し，仮説を検証する。こうしたプロセスがあり，ようやく公正な能力評価ができる条件が整うのである。例えば，AIから「部下のＡさんは，新規の受注で実績を出しています。営業日報を分析すると顧客の要望や期待を正確に把握しているからだと推測されます」という情報があれば，評価要素の理解力を判断する一助になるのは確かである。「人が人を評価するほど難しいことはない」，過去に多くの企業の人事スタッフから伺った重みのある言葉である。近い将来AIなどを効果的に活用することで，難攻不落と思われた評価エラーに終止符が打たれることを期待したい。人事評価の在り方も大きな転換点を迎えるだろう。

9 | リーダーシップ

(1) 牽引型からコーチング型へ

　リーダーシップ論は，時代を超えて語り継がれるテーマの1つである。高度成長期は，組織をグイグイと引っ張る牽引型が主流であった。その中心は上司が部下に教える，つまりティーチングが主体であった。その後，従業員の学歴も向上し，意識も変化した。そこで，対話を重視するコーチング型が登場することになる。コーチングは，質問を重ねて，部下本人に気づかせることを前提としている。自主性を重んじるという観点から，非常に優れた手法といえるだろう。牽引型よりも前進したスタイルである。

　コーチングは「答えは本人が知っている」が前提にある。それを気づかせる，あるいは引き出すという指導スタイルだ。「あなたは本当に何がしたいのか」という具合に，イエスかノーでは答えられない質問を繰り返す。そして，本人が本当にやりたいことにたどり着くまで誘導する。質問に対して部下は考える。最初は面倒くさいと感じるだろうが，質問が繰り返される間に自分の頭で考え始める。ここがポイントである。自分で気がつかない間にスイッチが入っているのだ。特に成績が伸び悩んでいる部下には一定の効果があるようだ。1つひとつの質問に回答していくと，少しずつ改善している，あるいは成功している自分の姿がイメージできるようになる。

　「自分にもできる」というイメージを部下の頭の中の映画館に投影してもらうことである。

　イメージの映像，つまり成功している自分の姿が描けなければ，一歩踏み出す行動につながらない。もし成功している自分の姿が見えたならば，行動に移る確率が高くなる。コーチングに関しては専門スキルをもつスタッフもいるが，上司が研修を受けて実践することも可能である。コーチングの技法は部下の指導育成のみならず，営業における潜在的な顧客ニーズの引き出しにも応用が可

能である。あるいは，交渉の場面でも役に立つスキルである。

　人間はモノや映像，言葉のように具体的な形やイメージとして認識できるものには関心を示すともいわれる。コーチングにおいて重要な要素は優れた質問である。この質問リストが成否を支配するといっても過言ではないだろう。コーチングを受ける部下がハッとする質問やドキッとする質問が，部下の思考に刺激や感動を与える。刺激によってより優れた答えが返ってくる。

　リーダーシップの未来を考えると，そのスタイルの違いよりも，効果的な質問リストをどれだけ保有しているかが問われることになる。それは企業の知的財産ともなり得るだろう。さらに，質問リストを効果的に分類しているかが重要だ。例えば，「人間関係に悩む人に効き目がある質問リスト」，「製品開発で企画を練る人に効き目がある質問リスト」のイメージである。これはまさにAIの得意とする分野である。企業は効果的な質問リストを集め，それを分類するインフラを構築するべきである。最初はアナログであろうが，態勢が整えばかなりの部分をAIにお任せできる。AIがコーチングを行い，診断結果を報告し，さらに上司や先輩従業員が適切な詰めのコーチングを行うことも可能に

図表３－６　AIコーチからのフィードバック

面談結果のご報告　　　　　　　　　　　　　　　　　　　2025年8月11日
面談者　営業1課　C様
内容：新規の顧客開拓実績が低迷
■症状
・学生時代から人づきあいに苦手意識があるようです。しかし，特定の友人とは親密な
　関係を維持しており，挽回の可能性はあるでしょう。
・何度か新規開拓にアプローチしたようですが，名刺交換にも至らず，自信を失いかけ
　ているようです。但し，諦めたくないという強い意志は確認しました。
■社内事例
・2021年に現在営業2課のE係長が同じ悩みを抱えていました。その時は上司ではなく，
　2年上の先輩社員（現在営業4課のF課長）と同行訪問をしたようです。2年違いの
　先輩にできるならば，自分にもできると感じたようです。そしてF課長より助言やヒ
　ントを得たようです。
■対策
・今回は営業2課のKさんとの同行訪問をお勧めします。昨年から新規開拓を伸ばして
　おり，何かコツをつかんでいると想定されます。
　　　　　　　　　　　　　　　　　　　　　　　　　　　　　　　　　　　以上

（出所）　大和総研作成

なる。**図表3-6**を参考にしていただきたい。

(2)　メンター型リーダーの可能性

　コーチングは効果的な手法であるが，それでも能動的な行動に移行できない部下が多数存在する。コーチングを行う上司の力量にもよるが，それだけではなさそうだ。そこで，ティーチングでもコーチングでもない，メンター型のリーダーシップが登場することになる。メンターとは，一言でいうと「本人よりも本人の成功を願っている」存在である。ティーチングの教える，コーチングの引き出すを越えて，本人を成功に導く存在である。牽引型リーダーやコーチング型リーダーは，一定の人数の部下に対して対応が可能である。メンター型は，どちらかというと1人あるいは少数の部下に対して効果がある。

　さらに，メンター型リーダーは，数年程度の時間をかけて部下を成功に導く場合に特に効果がある。メンター型リーダーには2つのタイプがある。1つは自分がその分野で頂点を極め，成功を手にしたタイプである。自分のような成功者を1人でも多く育てたいというリーダーだ。もう1つは自分は頂点を極めることができなかったが，この部下には可能性があり成功してほしいと願うタイプである。後者はマンツーマンでの指導を得意とする。個人型のスポーツ選手のコーチもこちらに分類されると考えて良い。

　牽引型リーダーは，リーダーがもっている成功スキルを重視する傾向が強い。そして，コーチング型リーダーは，自分で正解を考えることに重点を置いている。メンター型リーダーは，スキルを学ばせることよりも，その人に合ったスキルの使い方に注目する。あるいはメンタル（精神面）の強化に比重を置く傾向が強い。

　人口減少と同時に，AIやロボット，自動化の活躍で組織は省人化へ向かう。加えて従業員1人ひと人の多様なニーズに対応しなければならない。こうした背景を俯瞰すると，今後はメンター型のリーダーへの期待が高まると想定する。

　本来，人材育成を行う人は私利私欲がないことが望ましい。直属上司は，部下を育成してやがては自分の組織の業績に貢献してほしいと願っている。人を育てるにはそれなりの時間を要する。一方，会社は全社最適の視点で個別部署

の事情を知らず，定期的な人事ローテーションを行う。

　そうすると，部下育成をするインセンティブが作用しにくくなる。このような事例は多くの企業で実際に起きている。せっかく育てた部下を他の事業部に引き抜かれた，という話は日常茶飯事である。上司の言い分にも一理はあるだろう。しかし，この繰り返しでは進歩がない。何らかの対策が必要である。

　現在行われている試みは，従業員の指導や育成に関するエルダー社員の活用である。知識やノウハウを含めたスキルや技術の継承が試されている。他社を定年退職した人材を採用し，製品開発の分野でメンターに登用している事例も増加中だ。いずれも現役を一歩退いており，純粋に部下指導や育成に専念している。社内の人事異動の利害関係の影響を受けないため，従業員の問題解決に集中できるメリットがある。当面は試行錯誤が続くであろうが，メンター型リーダーの育成や確保は現役従業員の能力向上にも大きな影響を与えるだろう。それはやがて企業価値にも反映される可能性が高い。

10 注目を浴びるリベラルアーツ

(1) リベラルアーツとは

　企業における従来の教育研修は，知識の獲得やスキルアップのプログラムが主流であった。学校教育とは異なり，ビジネススキルの獲得を目的としている。例えば，マネジメント研修，営業職研修等々が知られる。最近は，プレゼンテーション研修やネゴシエーション研修のような，時代を反映したプログラムも増加している。今後もこれらの研修は存在するが，相対的な重要度は低下するだろう。

　代わって重要度を増す可能性を秘めているのがリベラルアーツである。平易に訳すると教養教育である。歴史や哲学，自然科学，芸術などを幅広く学ぶ学習である。いわゆるノウハウによる目先の対症療法ではない。与えられたテンプレートを埋める研修とは異なる。短期的なスキル習得ではなく，思考を変える，行動を変える，視点を変える，発想を変えることでイノベーションを起こし，ビジネスモデルを大きく変える可能性を秘めている。リベラルアーツは，ゆとり世代の体験重視の学習にも通じるところがあると考える。

(2) なぜリベラルアーツが注目されるのか

　なぜリベラルアーツが注目を浴びているのだろうか。それは，従来の経営手法が行き詰まりを見せ始めているところにあるようだ。お決まりの分析手法，ロジカルシンキング，テンプレートなど，科学的な手法はほぼコモディティ化している。AIが躍進すれば，ますます従来の分析手法は陳腐化することが想定される。こうしたツールを経たアウトプットは，おそらく誰がやっても同じ結果が得られ，そこでは差別化や新規性といった宝物は発掘できないであろう。

　優れた成果を生み出す，あるいは一流のマネジメントを行うには，知識やスキルではなく発想や直感，思考が重要となる。それらの能力を高めるための教

育プランがリベラルアーツである。抽象度は高くなるが，その成果はスキル研修を大きく凌駕するといわれている。知識やスキルは時間軸や技術革新によって陳腐化するが，思考力は陳腐化することがない。知識やスキルの多くはAIに置換される。思考力は一度習得すると無限大の可能性が期待できる能力である。

　大学教育においても，リベラルアーツを看板にする学部も徐々に増加しているようだ。特定の学問に偏らず，幅広い領域を横断的に学べることが大きな特徴である。その領域とは哲学，歴史，社会科学，自然科学，芸術と多岐にわたり，幅広く学ぶことが可能だ。従来型の授業形式とは異なり，グループワークが重視される。観察や体験，ディスカッション，プレゼンテーション，英語にも重点が置かれ，幅広い教養と見識，語学力を備えた人材育成に大きく貢献する可能性を予感させる。将来，経営層を目指す人材には，このようなバックグラウンドが求められる。グローバルレベルで人材を輩出するハーバード大学も，その源流はリベラルアーツカレッジであったことは特筆すべきことである。

　スペインの北部，バスク地方にビルバオという都市がある。かつて鉄鋼や造船で栄えた都市だ。しかし，時代の変化とともに衰退していった。この都市を再生したのは，まさにリベラルアーツ的な発想である。アートをコンセプトに掲げ，美術館を造った。これが核となり都市が再活性化し，多くの観光客を集客している。市の財政状況も好転し，現在に至っている。現在，世界の各地でアートや音楽，エンターテインメントなどを起爆剤にした都市や街の再生が行われている。そこに新しい住民が移り住み，雇用や消費が生まれる成功例も少なくない。ビジネスの分野でも大いに参考となるだろう。

(3)　リベラルアーツの未来

　リベラルアーツは，従業員の研修プランに採用される事例が増加するだろう。さらに，リベラルアーツの大学で学ぶ機会を得る従業員も現れるだろう。2015年に国連サミットで採択されたSDGsも，その後押しとなる。SDGsは，持続可能な世界を実現するために17のゴールと169のターゲットを掲げている。取り組みの過程では「誰1人取り残さない」ことを誓っている。企業においても，

第3章　2040年，AIの力で大転換を遂げる人事制度の考察　99

短期的な収益確保と配当をしていれば評価される時代は終わろうとしている。環境や雇用への貢献，行き過ぎた格差の是正，労働時間の短縮，従業員の健増進等々，幅広い貢献が期待される。

　このような新しい企業価値の形を創造していくのは，幅広い教養や見識を有する人材である。分析や実行計画の立案支援は，AIが行う時代が来るであろう。実行計画の基になるビジョンや構想を構築することがますます重要となる。この中核を担う人材が，リベラルアーツ的な素質をもっていることに関心が高まるだろう。

11 色褪せないコミュニケーション能力

(1) ますます重要度を増すコミュニケーション能力

　現在，一部の職種や業態では，外国人労働者がいなくては業務が正常に機能しない事態である。いつの間にか外国人労働者が不可欠な存在になっているのだ。今後も依存しなければならないのは必須であろう。外国人労働者の多くは，AIやIT化がしにくい仕事に就業しているという特殊事情もある。一方で，インバウンドの観光客の増加や2020年東京オリンピック・パラリンピック，大阪万博を想定すると，日本語をある程度こなせる外国人労働者の需要も増加するであろう。

　こうした変化に鑑みると，言語だけではなく，多様な人々との意思疎通の能力が重要になる。単なる連絡や指示ではなく，その仕事の目的や勘どころ，期待される成果の共有が必要である。それは外国人だけではなく，日本人も含めた企業全体での取り組みである。単なる業務指示とその目的や背景の説明を伴う指示を比較すると，後者が数倍の成果を発揮することは周知の事実である。それは，生産性の向上や収益の増加にも貢献する。相手を知り，伝えたいことを効果的に伝えるというコミュニケーションは，時代がどう変わろうとも褪せることがない。それどころか，日本人，外国人，AIというように，接する相手は多様化する。周囲との適切なコミュニケーションを交わす能力は，ますます重要度が高くなる。コミュニケーション能力が高い人材は，周囲の人材を上手く巻き込んでより多くの仕事を成し遂げる。あるいは，難易度の高い仕事を成し遂げるであろう。相手の意見を傾聴し，自分の意思や考え方を明確に伝える能力は，いつの時代にも欠かせない能力である。

(2) 物事の起点はコミュニケーションから

　ホモサピエンスがなぜ生き残れたのか。歴史や考古学の専門家の意見として，

言語と道具を使ったからだといわれる。意思疎通の手段は多々あるが，その中でも言語は特筆すべき位置にあることは容易に理解できる。言葉を交わすことでお互いを理解し，やがて協力して何かをなそうとした結果が現在に至っているわけだ。ビジネスの世界で考えてみよう。ビジネスのアイデアは誰かの思考により発案される。しかし，それだけでは何も起こらない。そのアイデアを誰かに話すことで，賛同者が少しずつ増えてくる。やがて，その集団が大きくなりコミュニティーが形成される。そして供給者と利用者が登場し，ビジネスが成長を遂げることになる。それは新製品の開発であれ，店舗の販売員であれ同じことである。物事の起点はすべてコミュニケーションから始まっている。

　技術革新のおかげで，私たちは多様なコミュニケーションのインフラを保有している。こうしたインフラは，効果的に利用すれば生産性は向上し，企業の収益も向上すると考えられる。残念であるが，そのインフラが効果的に利用されないところに問題が発生する。職場のストレスの8割以上はコミュニケーションに起因しているようだ。

　コンサルティングの初期段階で従業員にインタビューを行うと，問題の多くはコミュニケーションにあるという結論にたどり着く事例が圧倒的に多い。例えば，あのときにもう少し丁寧な説明があったらミスは発生しなかっただろう，という事象は日常茶飯事に起きていると推測される。結果が成功であれ失敗であれ，関わる人たちのコミュニケーションから物事は始まっている。初期段階の意思の疎通の重要性を再認識するところである。さらには，仕事のプロセスでも，コミュニケーションが重要であることはいうまでもない。難しいスキルではない。むしろ，ちょっと気が利いた気配りを言葉にすれば，事足りる場合が多いのである。

(3)　コミュニケーションが組織や人を動かす

　AIや翻訳ロボットがどれだけ普及しようとも，コミュニケーション能力はその重要性を維持する。あるいは，今以上にその重要性が問われる。新商品の開発，あるいは新サービスの開発を想定してみよう。誰かのアイデアがあり，そこに関心がある人々が集まってくる。発案者が自分の夢や目標を語り始める。

それに賛同する意見，改良を促す助言などさまざまな意見が交わされる。これの繰り返しを経て，新商品が具体化され試作品が完成し，市場へ投入される。コミュニケーションがコミュニティーへと進化するプロセスである。

　コミュニティーは企業と顧客の関係構築の場でもある。商品やサービスを通じて両者はコミュニティーを形成している。繰り返し利用している消費者は，まさにコミュニティーのメンバーである。例えば，会員制のサービスはその典型である。良好なコミュニティーが形成されてビジネスが成り立っている。コミュニケーションは社内だけではなく，顧客との意思疎通も含まれる。

　コミュニケーションの力は強力である。特に，地位の高い人のコミュニケーションには威力と影響力がある。使う側はその効果とリスクについて，正しい知識を兼ね備える必要がある。また，効果的に使うことができれば，短時間で問題解決をすることも可能になる。従業員への動機づけ，顧客へのプレゼンテーション，いずれもコミュニケーションである。投資家に対する決算報告もコミュニケーションの場である。広告宣伝のキャッチコピーもコミュニケーションである。企業活動の多くは，コミュニケーションで成り立っているといっても過言ではない。

　技術革新のおかげでコミュニケーションのインフラも多様化している。対面だけではなく，電話，メール，HP，動画，TV会議等々，日々進化している。目的，相手，内容，インパクト，コスト，集客，利益など，さまざまなファクターを考慮して効果的なインフラを選択するスキルも重要になる。それ以上に効果的に相手に伝わり，お互いにWIN-WINの関係になれるかがポイントである。

第3章　2040年，AIの力で大転換を遂げる人事制度の考察　103

12 ｜ 働き方改革とSDGs

(1)　働き方改革は始まりの終わり

　先に触れたSDGsは，2030年までの国際目標である。その中では，生産性の向上と経済成長は両立が可能であるとしている。こうした動向は，企業経営にも影響を与えることが容易に想定される。働き方改革は，もはや人事部だけの課題ではない。経営の最重要課題の1つになったのである。目先の残業時間削減や休暇取得の推進が目的ではない。それらは手段である。目的は，従業員が主体性に行動し，時間を創造することである。時間を創造するとは，言い換えると自分で時間を管理することに他ならない。生産性を高めて，仕事のみならず日々の生活も充実させようとする動きだ。

　かつては，モーレツに働き収入が増え，家計が潤うことが成功モデルという時代があった。従業員が長時間労働や単身赴任を当たり前と考えていた。しかし，時代は価値観の逆転を迎えつつある。個人の生活が充実してこそ，仕事が充実するという考え方である。個人の生活を充実させるとは，定時で勤務を終えて家族との会話や食事を楽しむ，趣味や読書，運動などの自己啓発や余暇を楽しむと解される。

　長時間労働で疲労は蓄積し，多少収入が増えたとしても，多くの従業員は充実感や幸福感を感じることができなくなりつつある。女性活躍が進み，夫婦で収入があれば長時間労働で残業手当を稼ぐ必要もない。仮に1人当たりの収入は下がっても，2人で稼ぐことができれば生活に支障はない。自分らしい生活ができるならば，そちらを選択する従業員が増えるのは当然である。それを裏づけるように，残業なし，転勤なし，ノルマなしを掲げる企業に新卒採用者が集まるようだ。

　企業側の対応策も進んでいる。しかし，従業員のニーズを満たすレベルには至っていない。特に，労働集約型の働き方が中心の企業は深刻である。AIや

自動化，ロボット化とはいわれるが，人間の動きや能力を補うまでにはもう少し時間がかかりそうだ。

　ただし，直近においては，企業は時給を増額して人材を集める，在籍する従業員の多能化や工夫・改善に期待する，仕事量を減らす，商品の値上げをする，というような対応を迫られている。例えば，ある企業が時給の増額を行えば，企業間の時給競争が始まる。当然，時給増額に追随できる企業とそうでない企業に格差が生まれることになる。これでは抜本的な問題解決には至らない。

　目先の人材の獲得は重要であるが，むしろ在籍する従業員の力に注目してはいかがだろうか。その理由は，既存の従業員が離職して人材不足になっている事例が多数だからである。つまり，「残業あり，転勤あり，ノルマあり」に対して，何も改善をしなかった企業から人材が離れているのが実態だ。離職の個別の理由は多様であり，それを一度で満たす処方箋はない。知っておくべきことは，何らかの手を打っている企業は離職を抑制し，新規の人材も確保しているという事実である。

　筆者がコンサルティングを行ったクライアント企業では，以前より優秀な人材が入社している企業は少なくない。むしろ採用人数を絞り込んでいる企業もある。それは，在籍している従業員の働き方や人材育成に取り組み，離職を抑制した結果である。その成功体験を元に，本当に入社してほしい従業員の要件を絞り込んでいるからである。

　働き方改革は，現在第1章を終えようとしている。「働き方改革」に手をつけなければ，生き残ることが難しい。多くの企業がそれを学んだのがここ数年の出来事である。

　働き方改革は始まりの終わりである。そこに気づいた企業は，在籍する従業員の働き方を変えて，離職率の低減に成功している。そして新卒者も中途採用者も一定数を確保している。採用イベントでいくら自社のPRをしようとも，既存の従業員の離職に歯止めがかからないようでは抜本的な見直しが急務である。

(2) 人事部への大いなる期待

　人材不足の影響を受けて，定年退職後のエルダー社員の活用も活性化している。さらには定年延長だ。定年延長は歓迎である。しかし，前提条件がつくことはいうまでもない。それは従業員が健康であるということだ。定年は延長されたが健康に不安がある，あるいはすでに健康に問題を抱えており，フルタイム勤務は最初から無理という状況では定年延長の発想は崩壊する。「従業員の健康」は経営の最重要テーマの１つである。それは，健康診断を確実に行えば良いという次元ではない。労働時間や休暇の取得日数，ストレスやハラスメントの有無も総合的に評価した内容で従業員の健康状態は判断されるべきだ。

　こうした取り組みの結果，生産性が向上し収益も追随してくれば，適正な昇給が可能となるであろう。こうした仕組みの構築と，それを支えるインフラ（制度や運用）の整備の両輪が適切に噛み合うことがポイントである。

　上記の取り組みを評価する項目や指標が整備され，行政機関や業界団体などがスコアリングを行い，結果の公表を行う流れになることも期待したいところである。それが採用の好感度や企業の株価などにも反映されることになるだろう。スコアリングの競争ではなく，個々の企業が切磋琢磨し，平均レベルの底上げという方向へ進んでくれることが望ましい。

　2020年以降の人事制度には，デザインの発想が不可欠であると考える。デザインという言葉から，洋服，建築物，家具などのモノを連想するかもしれない。あるいは，絵画のようなアートを思いつくかもしれない。では，人事制度におけるデザイン性とは何だろうか。本書では，「デザイン」とは使い手の良さを重視した制度設計と定義したい。従来の人事制度は，経営側の意向が強く反映される傾向にあった。そうではなく，従業員満足度向上に資する制度設計を目指す姿勢である。従業員の目線で使い勝手がよい制度が，結果的にモチベーションや生産性を高めるからだ。それは制度の名称や肩書の呼称などのレベルから問われているのかもしれない。

　そのように考えると，これからの人事スタッフには多彩な能力が求められそうである。毎年の定期人事異動と，誰が出世したかという人事情報に従業員の

関心が集中した時代は間もなく終焉を迎える。人事の領域は難しい課題も多いが，興味深く挑戦的なテーマも多々ありそうだ。

　例えば，採用活動，入社後のキャリアプラン支援，ライフプラン支援，人事評価等々に幅広くAIが活躍するだろう。さらに，AIは従業員の職務履歴や人事評価，異動履歴，本人の希望をもとに最適な研修プログラムを推奨してくれる。好ましい異動部署の候補先のリストアップも用意してくれる。新年度の組織改正や配置異動のプランの提供，そして適任者のリストアップまでをAIが行う。配置異動に関わる転勤も含めたコストの試算までもカバーしてくれる。こうした情報の基礎データの収集や入力，得られた情報に対する判断が人事スタッフや経営幹部の職務となるであろう。

　繰り返しになるが，AIは人間の仕事を奪う存在ではない。むしろ，人間が人間らしくは働くことができるように環境を整える役割を果たしてくれる。実現のためには，AIを人事制度へ上手く活用できる人材が不可欠となる。企画立案から実施，運用に至るまでの広範囲をサポートすることになるであろう。単にITの知識があるレベルではない。経営戦略と人事制度にも精通し，かつ高度なITの知識を有する人材である。**図表3－7**に示したように未来の人事部は人事管理業務から脱却し，経営戦略と従業員の橋渡しをする重要な役割を担うことになる。社歴や昇進，昇格，給与，人事評価，家族状況などの情報だけでなく，健康診断結果，業務日報，資格，表彰などのあらゆる人事情報を統合し，人材育成や異動，その他に有効活用することが期待される。

　その結果，従業員満足度が向上し，モチベーションが高まることを期待したい。そして2040年，従業員が絶句するくらいにユニークでワクワクするような，驚きの制度や運用方法が開発されているに違いない。

第3章 2040年，AIの力で大転換を遂げる人事制度の考察　107

図表3－7 **2040年の人事部の役割**

従業員の悩み.課題

従業員満足度向上

最強の人事部

経営層

人事AI

（出所）　大和総研作成

第4章
「働きやすい職場環境づくり」への
全社プロジェクト
──株式会社KSK

第4章では，『働き方改革』の先駆けともいえるようなさまざまな施策に取り組み，人手不足という厳しい労働市場においても順調に人材を確保して，増収増益を継続している株式会社KSK（以下，「KSK」）の事例を紹介する。

KSKについては，以前『「健康戦略」の発想と着眼点』（2014年，中央経済社）を刊行した際にも取り上げさせていただいている。そこでも取り上げた「チーム制」と3つの経営基軸について再度簡単に確認して，それらを背景にした考え方から行われている最近の施策や取り組みを今回のテーマである「働きやすい職場環境づくり」という観点から取り上げたい。

なお，従来の施策や取り組みを紹介する部分においては，一部の内容は『「健康戦略」の発想と着眼点』に掲載したものを最新のものに改め，加筆を行っていることを予め了承いただきたい。

《会社概要》

本社：東京都稲城市

会長：河村具美　氏

社長：牧野信之　氏

設立：1974年5月

資本金：14億4,846万円

従業員数：1,854名（連結　2018年3月末現在）〔平均勤続年数：10.2年〕

事業内容：半導体・システム・ソフトウェア設計，業務アプリケーション開発，ネットワークシステム構築・保守等

事業所：東京本社，日本橋，新宿，川崎，埼玉，浜松，刈谷，関西，熊本

グループ会社：3社

連結売上高：154億円（2018年3月期実績）

東京証券取引所　JASDAQ市場上場（証券コード：9687）

1 経営の3つの基軸を支える基本戦略「チーム制」

　KSKは，情報サービスのビジネス分野で半導体設計や自動運転支援などの車載組み込みソフトウェア開発を中心とする「システムコア事業」，業務アプリケーションソフトウェアの開発・保守や業務管理システムなどの開発を中心とする「ITソリューション事業」，ネットワークシステム構築・保守およびそのサポートセンター運営などを中心とする「ネットワークサービス事業」を主力の3事業として展開している。

　同社および同社グループでは，顧客となる企業に常駐してシステムやITネットワークの開発や保守，ユーザーサポートを行うという業務形態が中心となり，社員の約75％が客先等に（数名から数十名の単位で）駐在して勤務するというスタイルを取っている。働き方や人事労務管理という面での特徴をあげると，部下と上司が直接顔を合わせる機会が少ない職場であるということがある。そのため，組織への帰属意識が希薄になるなどの課題が生じやすい。組織への帰属意識が希薄になると組織の一員としての規範意識も下がる。組織メンバー間での信頼関係や協力関係がなくなるため，業務の進め方が属人的なものになりがちである。情報サービスのビジネス分野においては，特に厳格に求められる情報漏洩などセキュリティの面では，この規範意識の低下は重大な結果をもたらすおそれも出てくる。

　一方で，顧客企業に常駐して行う業務においては，事業領域の変化によりネットワークサービス事業（ITインフラの保守・運用）が中心に移ってきている。この業務はまさしくサービス業であり，顧客と同社社員が対面の場で技術を媒介としたサービスを提供するようになる。ここで競合他社と差別化して「CS（顧客満足度）向上」を図るためには，人から人へと対面で提供されるサービスの質が大事になる。コミュニケーション能力のほか，ちょっとした親切心であり，テクニックやマニュアルどおりでない対応で顧客に小さな感動を与える場としなければならない。そのために，「サービスの質は人間の質そのもの

第4章 「働きやすい職場環境づくり」への全社プロジェクト——株式会社KSK　111

である」という考え方をもとに，本当に親切な「（人間力が高い）人材の育成」とその人材を育むいい企業風土づくり（会社と社員の絆：「エンゲージメント」形成）を経営の基軸としている。そして，「CS向上」も含めたこの3つの経営の基軸はまた競争力強化：「現場力の強化」戦略の源泉ともなっている。

　業務形態・勤務スタイルから生じやすい課題である帰属意識を高め，これら3つの経営の基軸により「将来にわたり継続的成長を実現する」ために取られている基本戦略が「チーム制」である。1チームは平均して5～6名で構成されるものだが，同じプロジェクト，同じ駐在先で働く社員のみで構成されているわけではない。

　チームの機能としては，対面接触によるコミュニケーションからお互いの受容関係，協力関係を構築してメンバー間の絆づくり（「エンゲージメント」）のほか，帰属意識を醸成する「帰属の場」というものがある。まさに「人材育成」と「エンゲージメント」に寄与する戦略に位置づけられるものだろう。また，帰属意識から生まれる規範意識やエンゲージメントに関する各施策を通じた

図表4-1　KSK　チーム制の理念

チーム制の理念

◆現場を強くすることでKSKグループの競争力を高めます（会社）
◆ビジネスの実践を通して社員一人ひとりが自己実現を図ります（従業員）

チームの機能

1. 協働の場
　　　プロジェクトチーム，生産性の追及　　　　・仕事の成果を出す

2. 成長の場
　　　仕事と交流を通じた自己研鑽　　　　・刺激し合い，切磋琢磨する

3. 帰属の場　　　　　　　　　　　　　　　　・自分の存在を認められる
　　　自分の居場所としてのコミュニティ　　　・自分の理解者がいる
　　　　　　　　　　　　　　　　　　　　　・本音を出せる
　　　　　　　　　　　　　　　　　　　　　・安らぎを感じる

（出所）　株式会社KSK作成資料

「人への理解」は人間力を高め，サービスの質の向上から「CS向上」へと結びつくだろう（**図表4－1**）。

　また，各チームの取り組みが共有される『気づき日報』という制度もある。チーム内でのコミュニケーションにとどまらず，チーム外，特に上司とのコミュニケーションを図る目的がある仕組みである。毎日業務終了後，全社員が作成して直属の上司とその上の上司に提出（メール）する。記載する内容は，業務報告というより自分の考え，思い，改善提案，問題意識など何でもよい。思ったこと，気づいたことを記載するので，『気づき日報』となっているものである。

2 | 経営の基軸に紐づく働きやすい職場環境づくり

　前回取材させていただいた時期（2014年）から4年ほど経過した現在は，売上，利益も順調に増加させて好調な業績を継続，この間株価も上昇基調で推移している。まさに，掲げるビジョンにある"長期的視野に立って質重視の経営をする"企業となっているといえよう。また業績以外の面でも，2019年には『健康経営銘柄2019』に選定（上場企業約3,700社から37社が選定）され，『健康経営優良法人〔ホワイト500〕』には2017年から3年連続で認定されるなど，健全で健康な風土づくりもより高い次元で進められている。従来の施策をもとに，それに磨きをかけながらさらに新たな取り組みや施策が始められており，それら取り組みが多岐の分野において着実に成果を出していると考えられる。

　これらの取り組みは当然のことながら，いい企業風土を構築する「エンゲージメント」と，いい企業風土づくりと相乗効果を生む人間力を高める「人材育

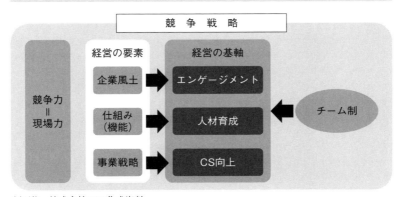

図表4−2　KSK　経営の全体体系—経営の基軸—

（出所）　株式会社KSK作成資料

図表4－3 KSK『エンゲージメント施策』の一部

	内容，具体的な活動	目的	備考，その他
Team KSK ECO CLUB	一部の有志社員が社会貢献活動の一環として開始した清掃活動を会社が全面的にバックアップし，現在では全拠点においてボランティア清掃活動が活発に行われるなど，地域環境の整備と良好な地域コミュニティの形成に貢献している	・社会貢献と環境保護をテーマに活動することで，グループ社員同士が，絆や誇りを持てる企業風土を共有する ・社会への無償の貢献実感が自らの存在意義の確認となり誇りを生む	・社内ボランティア組織のエコ活動を会社が物心両面で支援する
BIC制度 BIC：KSK BBQ Invitation Card	チームのメンバー，部門内のメンバーとバーベキュー（BBQ）を行う	・BBQを通じて，お互いに協力し交流を深める ・協力し合う風土づくり	・BBQは買い出し等事前準備，調理，片付けなど，参加者の協力が必要 ・メンバーが調理するものを食べることでの感謝の気持ちが生まれるなど，絆を生む要素が満載との判断
Smile カード	業務に関わるもののほか，それ以外の些細なことでも，感謝のメッセージをカードに記入して"ありがとうの気持ち"を相手に伝える「Smileカード」を全社に展開	・仲間を讃え合う良い風土の形成 ・お互いを褒め合うことでお互いの良いところを伸ばし合う ・感謝し合うことの積み重ねが相手を思いやる気持ち，助け合う職場をつくる	・全社グループで年間約38万枚（2017年度）の「Smileカード」が行き交う ・毎月よいカードが表彰される制度がある（賞品あり）
読書会	チームのメンバーが集まって読書を行い，参加者間での意見交換を行う	・読書の楽しみを知り，読書の習慣を身につけることで，考える力を身につける ・参加者間での意見交換から，新たな気づきや見方を創造する	・読む本は，申請すれば会社が負担（年間予算は900～1,000万円，年間約6,000冊分） ・人が読んでいる本を知ることは，その人を知ること，との考え（学習効果よりも絆を生む効果に）
5S活動	「整理」，「整頓」，「清掃」，「清潔」，「躾」の5Sに取り組む	・規範意識の向上と企業風土の改革 ・徹底した無駄の排除を通じて業務を効率化させる ・問題点を顕在化させて問題解決する体質づくり	・外部による厳格な診断をすべてクリアして合格点を獲得したこともあり ・特に「躾」を重要視して，規範意識の高い企業風土を目指す

（出所） 株式会社KSK作成資料より大和総研作成

成」，そしてそれらによって高められる「CS向上」という同社の3つの経営の基軸をもとに考えられており，それぞれの目標に向かって行われているものである（**図表4－2，図表4－3**）。

　今回は，企業業績への影響が大きいと考えられる「CS向上」に向けた現在の取り組みを中心に取り上げる。なお，取り上げる取り組みは「CS向上」を目的として，それへとつながる方針をもったものであるが，3つの経営の基軸はそのいずれもが密接に関連するものである。よって，それら取り組みの根底に存在する他の経営の基軸（「エンゲージメント」や「人材育成」）から見たその取り組みへの考え方なども紹介し，そこから推察される効果などについても言及していきたい。

　3つの経営基軸のうち，特に「エンゲージメント（いい企業風土づくり）」は，KSKの考える「働きやすい職場環境づくり」といえるものでもあり，すべての施策や取り組みの考え方の根幹をなすものである。「エンゲージメント」を構成する要素としては，①「個人のやる気を引き出す」こと，②「価値観を共有する」こと，③「共感を高める」ことをあげて，これらに応じたさまざまな施策や取り組みを行い，エンゲージメント形成を図っている。

　この中でも，①「個人のやる気を引き出す」ことが「働きやすい職場環境づくり」の最大のテーマであり，常に追求するものであるという同社の河村具美会長と牧野信之社長に，改めてお話を伺った。昨今話題となる『働き方改革』に取り組む企業にとっても，大いに参考となるものと考える。

3 品質向上プロジェクト
―『KSKかがやきプロジェクト』―

　現在，経営の基軸の1つである「CS向上」をさらに高めるため，『KSKかがやきプロジェクト』と総称される品質向上のためのプロジェクトが進められている。取材時は3年計画の2年目というタイミングで，すでにある程度進んでいる取り組みや，2年前から始まった取り組みを取材した（図表4－4）。

　このプロジェクトは，管理部門の10名と全社員の約5％が参画して組織される品質向上委員会が中心となり総括するかたちで進められている。その委員会のもとに，さらにテーマごとに取り組み別の委員会が設けられ，その各委員会が主導して具体的にさまざまなイベントやキャンペーンが行われている。

　このプロジェクトをはじめ，取り組みや施策はほぼすべてが社員参加・企画型のものであり，その進め方や実際に行われるイベントなどの内容は社員に任せたものとなっている。本プロジェクトにおいても，取り組みの目的はもちろん品質向上であるため，会社側が示しているということになるが，品質向上委

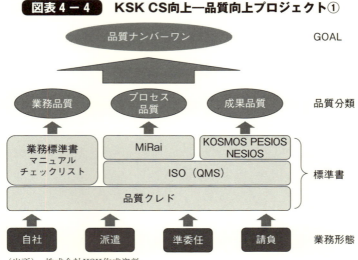

図表4－4　KSK CS向上―品質向上プロジェクト①

（出所）株式会社KSK作成資料

員会としてどのような取り組みをするか，その取り組みを進めるための組織（委員会）や体制はどのようにするかなどは，参加している社員が考えて動くというものである。

やらされ仕事ではなく自分たちがやっている，との思いで取り組むことができるようにすることも，実は目的の1つになっている。後ほど触れるが，KSKの人材育成の根幹となるものだ。河村会長によると「アイデアをトップが出すのは最大の失敗。委員会が主導で行えるよう黒子に徹する。出るべきところは出ないといけないが，引っ込んでおく必要があるところでは決して前に出ない」との覚悟をし，実際に「現場に任せる。ルールさえ守れば何をしてもオーケー。失敗してもいいからやらせる」とのことである。

本プロジェクト全体の実施の背景としては，従来ISO規格での品質管理に取り組んできたが，それでカバーできる範囲が著しく小さくなってきていたという事情がある。特に，近年ではそのカバーできる範囲がグループ売上額の約1割となっている状況となり，残りの9割の部分をカバーするために始められたプロジェクトである。具体的にプロジェクトのテーマとなっているものは，①「人質（"じんしつ"：人の質）向上」，②「標準化」，③「自動化」の大きく3つである（**図表4−5**）。

その内容を詳しく見ていくと，①「人質向上」は（社員の）意識を変えることで，KSKが定めている"品質クレド"を実践していくことにより実現する，②「標準化」はすべての業務をカバーする『業務標準書』を作成してそれに基づき業務を行う，③「自動化」はまさしくRPA（Robotic Process Automation）をはじめとした各種システムの有効活用により業務の効率化を図るとしている。これら大きな3つの柱を推し進めていくことで品質向上を実現することが，このプロジェクト全体の目的である。

この中で，現在特に注力しているのは，①「人質向上」である。「サービスの品質は，人の質そのもの。（中略）どんな仕事も，結局は人が行うこと。だからこそ，KSKでは人の質を磨くために，人間力教育や風土づくりに力を注いでいます。一流の人質が，一流の品質を生み出します。」（同社ブランドブック『マジメな未来をかたちにする　31の思い』）との考え方をもっており，

図表4-5　KSK CS向上—品質向上プロジェクト②

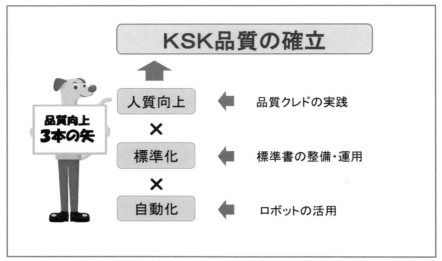

(出所)　株式会社KSK作成資料

『KSKかがやきプロジェクト』として現在行われているさまざまな取り組みの中には，この人質向上に関わるものが多くある。"品質クレド"を浸透させ，意識を変え，自分で意識して行動する，すなわち"品質クレド"を実践することで「人質向上」が図られるとの考え方で，そのための各種イベントやキャンペーンが実施されている。

　また，品質向上はリスク管理と表裏一体であるとの認識で，「人質向上」のために自社のよいところを理解・再認識して守り育て，磨きをかける必要があると考えている。それを目的としたブランディング活動も本プロジェクトと並んで行われている。

4 │ "品質クレド" の浸透へ

　まず，『KSKかがやきプロジェクト』における「人質向上」に向けた "品質クレド" の浸透・定着への取り組みから，全社員を対象にした各種のイベントやキャンペーンを取り上げる。

　"品質クレド" は全25条からなり，品質向上に向けたあらゆる業務活動・取り組みの基礎となるものである。この "品質クレド" を常に意識し普段の業務や行動に落とし込むこと，すなわち "品質クレド" を実践することで「人質向上」を図る取り組みである。"人質" を高めて品質向上を実現し，そして最終ゴールのCS向上を目指す。

　"品質クレド" 浸透・定着への具体的な取り組みとしては，ある１条を取り上げ，その条文にふさわしいイベントやキャンペーンを開催していくという方法を取っている。全25条をアクションに落とすため，１条ずつ丁寧に定着を目指すというものである。

　同社「2017年度上期キックオフミーティング」でのワークショップからスタートした最近の取り組みの内容を見ていこう。

(1) 『匠カード』キャンペーン

　"品質クレド" の『８条：私たちは，細部にまでこだわりを持って丁寧な仕事を行います。』の浸透・定着に向けたキャンペーンである。

　KSKでは「後工程のための気配りで，細部まで手を抜かない丁寧な仕事」を "匠の仕事" と定義づけしている。このキャンペーンは，"匠の仕事" を行った前工程を担当する社員に対して，後工程を担当した社員が感謝の気持ちを示すための『匠カード』を送るという取り組みである（**図表４－６**）。

　『匠カード』の全社での月間受信（発行）総数と部門ごとの１人当たりの月間受信枚数などは，毎月社内報を通じて社内に発表されている。その推移は，キャンペーン開始時期の全社で月間2,400枚程度からスタートして，月間平均

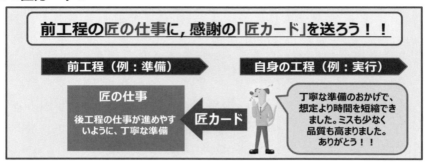

（出所） 株式会社KSK作成資料

4,000枚以上の発行数にのぼるまでになっている。そして，より多くの感謝を受けた"匠"は発表・表彰され，副賞として図書カードが贈られている（**図表4－7，図表4－8**）。

　自分が担当する業務を完璧に行うだけではなく，"品質クレド" 8条の実践により，引き継ぐ後工程のことまで気配りして細部まで手を抜かず丁寧に業務にあたることで最終成果物の品質向上を目指すということは，ある意味仕事としては当然のことであろう。しかし，理解はしているつもりでも，なかなか実践しにくいことであるのはご理解いただけるのではないだろうか。それをいかに意識して業務にあたるようにする（そういう担当者になる）ために，カードを送るという行動をまず起こして意識をもたせる，というのがこのキャンペーンの考え方であろう。

　「"品質クレド"の8条を守って，後工程のことまで気配りして細部まで手を抜かない丁寧な仕事をしなさい」と何度も言う（言われる）よりも，意識が高まる効果が期待できそうである。そして，カードの受信数によって表彰や褒賞制度も設けて，社員同士（部門間）で競う形とするなど，社員がゲーム感覚で参加して取り組める工夫も見られる。この工夫は本キャンペーン以外のイベン

第4章 「働きやすい職場環境づくり」への全社プロジェクト──株式会社KSK　　121

図表4-7　KSK 『匠カード』

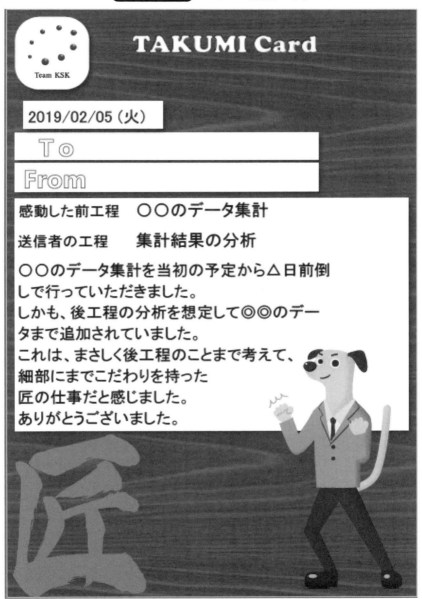

（出所）　株式会社KSK作成資料

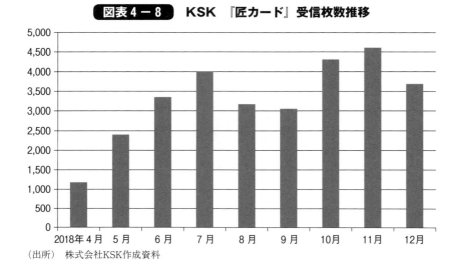

図表4－8 KSK 『匠カード』受信枚数推移

（出所） 株式会社KSK作成資料

トでも散見されるものだが，これについては後に詳述する。

(2) 『匠カード』—"品質クレド"の浸透プラスα—

　ところで，前工程担当者の"匠の仕事"への感謝の気持ちを示すということは，その前工程を引き継いだ後工程担当者の意識も高まり，さらに自分の後工程のための気配りをもって自分の担当工程にあたるという気配りや細部まで手を抜かない丁寧な仕事がリレーされていく効果も生むと考えられる。つまり，"品質クレド"の浸透がリレー形式で行われる・波及していくという意味でも大変練られた仕組であることがわかる。

　また，この仕組を別の視点から考えると，前工程担当者の気配りや丁寧な仕事がなされていることを認識できる・理解する，そして自分の後工程のことを考えて自分の担当工程において丁寧な仕事ができるということは，自分の担当外である前後の工程をある程度理解しているということにもなっているといえよう。前工程の"匠の仕事"を認識して『匠カード』を送り，自分の後工程のことに気配りして担当業務で"匠の仕事"を行い，『匠カード』を送られつつ仕事に取り組むことを通じて，知らず知らずのうちに社員のスキルや能力が高

まる効果も期待できる仕組とも考えられる。

そもそも，一般的に現在の多くの職場では，技術が高度化・細分化して自分が担当する業務の全体観やその流れ，その中での自分の担当業務の位置づけや意義が見えにくくなっている場合も多い。そのため，仕事での達成感や職場において自分が必要とされていると感じられる承認欲求などが満たされ難いとされ，働く人の心身の不調の原因となっているとの声も聞かれることがある。このような中で，それらを理解しながら仕事ができていることは，社員のモチベーション維持にもつながっているのではないだろうか。

(3) 『品活川柳』キャンペーン

これは"品質クレド"全25条の条文から１条を選択して『お題』とし，それにまつわる川柳（『品活川柳』）を募集するキャンペーンである。KSKの"『品活川柳』マニュアル"によると，「発生した問題を川柳にし，品質に対する意識を高める」とあるが，応募され発表された入選作をいくつか拝見すると，"マニュアル"よりは自由に『お題』とされた１条の内容に照らして，日常の業務で起きたこと（起きそうであったこと），体験したこと，感じたことなどを詠んで創作されていると思われる。

本キャンペーンはおよそ４半期に１度程度の頻度で開催され，応募期間を設定して応募作品から優秀作品を選び，こちらも他のイベントなどと同様に社内で発表，表彰と褒賞を行っている。毎回約600〜900名からの応募（原則：１人１作品）があり，その中からベスト30句が選定され，社内報で発表される。副賞として図書カードが贈呈されており，最優秀賞には30,000円のカードが贈られている。やはりこのキャンペーンでも，このような「ちょっとしたお小遣い稼ぎになる」（河村会長）という競争心をあおる要素も盛り込んでおり，全社員を巻き込んで応募率（参加率）の高いイベントとなっている（**図表４−９**）。

参加率の高さは主体性のバロメーターともいえ，"品質クレド"の浸透度を測ることにもなっているといえよう。

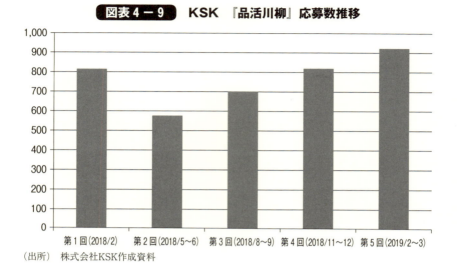

(出所) 株式会社KSK作成資料

(4) 『品活川柳』―あふれる遊び心―

　毎回の『お題』発表時には，"品質クレド"より選ばれた1条の条文に加え，その条文の意味するものをその背景や考え方とともに解説し，また「今回の『品活川柳』のポイント」として事例を交えた"詠み方"のヒントなどが社内報で提示される。さらには，"KSK師範"による『品活川柳』の"手本"とその川柳の解釈（解説）まで示されるほどの力の入れ込みようで，遊び心があふれたものとなっている（図表4－10）。

　河村会長はこの遊び心をとても大事にしており，「おもしろおかしく」することで社員の参加を促し，現場を「のせる」ことを常に考えているという。『匠カード』の項でも触れたが，競争の要素やゲーム感覚を入れることで刺激を与える，興味をもたせるように一工夫した取り組みとなっている。

(5) 『品活川柳』―研修としての効果―

　当然のことながら，この『品活川柳』キャンペーンは"品質クレド"の各条文についての理解度を上げて浸透・定着を図るための研修との見方ができる。

第4章 「働きやすい職場環境づくり」への全社プロジェクト──株式会社KSK 125

企業によっては，例えばe-ラーニングなどで"品質クレド"の各条文に関する問題（「正しいものを選択しなさい」，「正しい語句を記入しなさい」など）を何題も解かせて，それを合格するまで繰り返させるなどの研修を実施するところもあるだろう。それを，川柳を詠ませて応募させるというイベントとすることで，受動的な研修から参加型の能動的な行動に上手く転換できているとも考えられる。

『品活川柳』を創作するためには，やはり日常業務においていろいろなことを感じ取る必要があるので，その『お題』とされた"品質クレド"の条文を常に意識することにつながるだろう。"品質クレド"の本当の意味での浸透・定着を図るということでは，受動的な研修よりも高い効果が期待できそうである。

"品質クレド"の条文を理解して，行動に落とし込むという目標を達成するには（その効果を上げるには）どのようなやり方が良いのかについて，このキャンペーンも『匠カード』と同様に，その効果について十分練られた仕組であるといえよう。単に研修を実施して受講させるのではなく，遊び心やゲーム感覚などを取り入れたやり方で実施し，社員が自ら参加して意識をもって能動的に行動するようにさせるなど，その目標を達成する効果を高めるための一工夫が大事になってくるということもわかる事例ではないだろうか。今後，何らかの研修を企画される企業のご参考になればと思う。

(6) 『品質OK？』キャンペーン

従来，『エンゲージメント施策』の1つとして『Smileカード』という取り組みが行われている。日常で業務に関わるもののほか，それ以外の些細なことでも感謝のメッセージをカードに記入して，"ありがとうの気持ち"を相手に伝えるというものである。こちらの仕組でも，素晴らしい内容のカードが毎月表彰・褒賞されるという施策を行っている。会社と社員との絆，社員と社員との絆（エンゲージメント）を深めるため，「仲間を讃え合ういい風土づくり」，「社員同士お互いのよいところを伸ばし合う，感謝し合うことの積み重ねにより相手を思いやる・助け合う職場をつくる」などを目的としており，グループ全体で現在では年間約38万枚以上（2017年4月から2018年3月までの1年間）とい

図表4−10 KSK 『品活川柳』キャンペーン告知

Team KSK かがやきプロジェクト（0820号外）　　　　　　　　　Page.1

第三回「品活川柳」キャンペーン

8月20日（月）スタート！

皆様お待ちかね「**第三回　品活川柳**」キャンペーンを実施します！！

■**テーマ**　　「**第13条：誰も見ていない時でも　品質に向き合います**」！！

人は誰も見ていない時は、こころにスキが生じてつい安易な方向に流され、手抜きなどのルール違反を犯しがちです。しかしこれでは組織として常に安定した高い品質を維持し、お客様の信頼を獲得することはできません。誰も見ていない時こそ普段よりも高い意識で品質にこだわり、きちんと仕事をしましょう。あなたの人としての誠実さが問われます。

「品活川柳」マニュアル

発生した問題を川柳にし、品質に対する意識を高める

1. 川柳とは（形式）
   五・七・五の三句体を基本として構成される定型詩

2. 川柳と俳句の違い
   川柳は俳句と違って季語などの制約はありません

3. 今回の品活川柳ポイント
   誰も見ていないからまあいいか？と、進めた結果、発生した問題をユーモアと風刺のセンスで表現した作品
   ※字余り、字足らず可でもありです

4. 第三回　募集期間
   2018/8/20(月) 〜 9/24(月) 24:00

次ページ
KSK師範より「手本」及び、「応募方法」を、お伝えします！

第4章 「働きやすい職場環境づくり」への全社プロジェクト――株式会社KSK　127

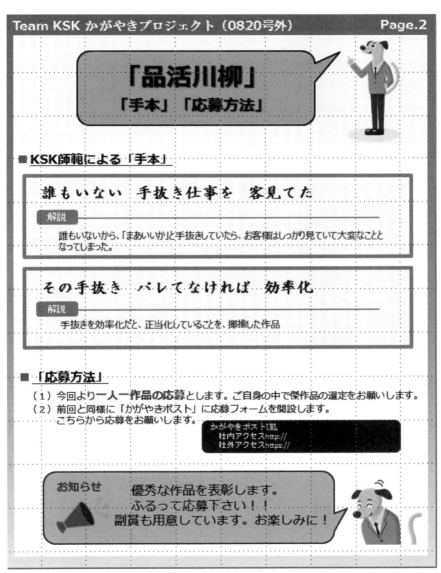

（出所）　株式会社KSK作成資料

う数のカードが行き交う実績のある施策である。

この『Smileカード』と同じような仕組を活用して，"品質クレド"の『2条：私たちは，指摘し合える風土を大切にします。』の定着に向けた取り組みが，『品質OK？』施策である。具体的には，日常の業務において何らかの指摘をされた社員が，その指摘をしてくれた社員に対して感謝の気持ちを伝える『「品質OK？」カード』を送るというものである。

(7) 『品質OK？』―指摘し合える風土に―

「指摘をしてくれて有難う。その感謝の気持ちを伝えるカードを送ります」。一見，かなりの割合で皮肉にも受け取られてしまいそうな印象もある仕組であるが（実際，ある評価機関の審査を受けた際には，この仕組について審査員から「（指摘をされた側が，指摘をした側にその感謝の気持ちを示すカードを送るという取り組みをしている企業は）大変珍しいですね」との評価を受けているとのこと），このような勘繰りは心配無用となるような，お互いに「指摘し合える風土」を根づかせることを目的としている。

一般的に社内で相手に指摘するということは，上司から部下に対して行われるもの以外は，やはりなかなかハードルが高いと思われる。しかし，業務において感じた疑問，懸念，不安な気持ち等々は，その場で確認せずに埋もれさせてしまうことで，後々大事につながる危険性を感じたことは誰しも経験のあるところではないか。もしそれが間違いであればなおさらのことであり，問題が発生してしまったのでは品質向上，CS向上どころではなくなってしまうだろう。"品質クレド"の『2条：私たちは，指摘し合える風土を大切にします。』は，まさにこの考え方を背景に生まれているものである。

当然のことながら，この『「品質OK？」カード』の仕組は，指摘をする社員の（心の）ハードルを下げるためのもので，実際同社では，上司から部下へはもちろんのこと，同僚同士，そして年少者から年長者へ，後輩から先輩へ，部下から上司への指摘も日常行われているという。そして，その指摘に対して，指摘をされた社員が指摘をしてくれた社員へ『「品質OK？」カード』を送っている。

第4章 「働きやすい職場環境づくり」への全社プロジェクト──株式会社KSK 129

(8) 『品質OK？』─ガバナンス面での効果も？─

　この『「品質OK？」カード』の送り合いにより，実際に社内で指摘しやすくなっているだけでなく，指摘をされた人がより謙虚な人になっているとの実感（効果）もあるという。その結果，さらに指摘し合いやすい風土が構築されていくだろう。

　たとえ上司であっても，間違いがあれば部下（周りの人間も）が指摘する・指摘できる風土であれば，昨今世間を騒がせているような企業不祥事の発生を抑制することにもつながるのではないだろうか。「人質向上」および品質向上に向けた施策とそれにより目指そうとする組織に対する1つの考え方であるが，ガバナンスの観点からも一考の余地はあるかもしれない。品質向上はリスク管理と表裏一体との考え方にもつながる取り組みとも受け取れるものである。

　なお，この『「品質OK？」カード』についても，その月間発行総数と部門ごとの1人当たりの月間受信枚数などは，毎月社内報を通じて社内に発表されている。さらに，より多くの感謝を受けた社員（『「品質OK？」カード』の受信枚数が多い社員）には，『品質OK？貢献賞』として表彰されることが他のイベントと同様に行われている（**図表4−11，図表4−12**）。

130

図表4−11　KSK 『「品質OK？」カード』

（出所）　株式会社KSK作成資料

第4章 「働きやすい職場環境づくり」への全社プロジェクト──株式会社KSK 131

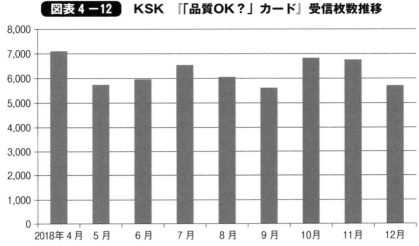

図表4−12 KSK 『「品質OK?」カード』受信枚数推移

(出所) 株式会社KSK作成資料

5 │「働きやすい職場環境」の追求

(1) KSKの考える「働きやすい職場環境」―フラットな組織―

　前章で取り上げた「指摘し合える風土（組織）」を根づかせることは，同社が考える「働きやすい職場環境づくり」の１つの要素（風通しがいい組織）ともなっており，「いい風土の構築」，「働きやすい職場環境づくり」に大きく関係するものである。

　河村会長によると，この「指摘し合える風土づくり」にとって大きな障害となるのは，「権威の勾配・傾斜がきつい組織である」とのこと。「権威の勾配・傾斜がきつい」とは，上司の力が強く，絶対的であることを指しており，そのような組織では当然のことながら，部下が上司に意見や指摘することは難しい。もしそのような組織でこれらの行為をする場合には，部下はよほどの覚悟（と準備）が必要だろう。KSKが根づかせようと取り組んでいる「指摘し合える風土（組織）」のまさしく対極にあるものといえるものだが，一般的な見方をすれば企業の伝統的な姿であると思われる。しかし，お互いに指摘し合えるような「フラットな組織」，「風通しがいい組織」こそが，今必要ではないかとの考えである。

(2) 時代環境・状況にあった変化を

　「古い価値観はもはや通用しない。もちろん秩序は必要であるが，従来の方法による管理や統制が機能しなくなっている。」これは，今の時代環境・状況に合わせたやり方に変えていかないといけないとの見立てだ。

　そのやり方の１つが自律した人材の育成である。「いい人」，「人間力が高い人」が自主的に行動するようになる（その結果，「CS向上」が達成される），という人材育成に対する考え方が表れている。河村会長がその考え方の背景を次のように示した。

第4章 「働きやすい職場環境づくり」への全社プロジェクト──株式会社KSK 133

「もはや以前のように目の前に上司が座っている職場ばかりではない。たとえ目の前に座っていても常に部下を見られるわけではない。現在の仕事のほとんどはパソコンなどで行われるため，何をしているのかなかなか見えにくくなっている。こうなると，ほとんどの社員は自分で自分を律することができなければ，仕事を回していくことができないのではないか。」

従来の「権威の勾配・傾斜がきつい組織」における上司の管理手法や統制は，もはや機能しなくなりつつある。一方で，この状況の中で必要とされる自律した人材にとって「働きやすい職場環境」はどういうものかと考えると，自分の考えや意見を言いやすい「風通しのよいフラットな組織」である，との思いに至ったという。

(3)　固有の事情によるものか

この考えに至る背景には，KSKの特徴的な業務形態（客先企業に駐在する社員が大半を占め，上司と顔を合わせる機会が少ない）も関係していると考えられるため，同社の経営者としてはもはや当然の考え方かもしれない。しかし，製造現場などを抱える他の業態，業種の企業ではどうなのか。

その疑問について，河村会長は自律的人材の育成の必要性は変わらないとの考えであった。現在ではほとんどの仕事において技術の進歩が早いため，上司が担当していた頃とはやり方が変わっている。そもそも上司がやったことがない仕事も多く生まれている。そのため具体的に指示，そして指導できる上司は徐々に限られるようになっている。物理的に部下を見られない職場と同じような状況となっている，ということである。

このような職場では，やはり自分で考えて行動できる自律した人材でないと，新たな技術や知識などを習得して能力を高めていくことはなかなかできなくなるであろう。多くの企業においても，今の時代環境・状況に合わせた組織へ，人材育成へと変化する時期であると改めて認識する必要もありそうだ。

6 続・"品質クレド"の浸透へ
—『ヨクスル』活動—

"品質クレド"の『16条：私たちは，1人ひとりが最終責任者です。』の浸透・定着に向けた取り組みが『ヨクスル』活動である。具体的には，現場部門での業務に関する工夫や改善に関する提案を行う（改善事例を提出する）活動で，その名のとおり普段の業務を「良くする」ことで，品質向上に結びつけていく取り組みだ。

(1) 『ヨクスル』—社員1人ひとりが最終責任者—

単なる業務改善・工夫の提案にとどまらず，社員1人ひとりが「最終責任者」としての意識をもち，率先して工夫や改善を行うこと（行うようになること）を目的としている。「最終責任者」の"後"は成果物として納品されユーザーの手に渡ると考えれば，「後工程のための気配りで，細部まで手を抜かない丁寧な仕事をする」という同社の"匠の仕事"に通じるものである。この『ヨク

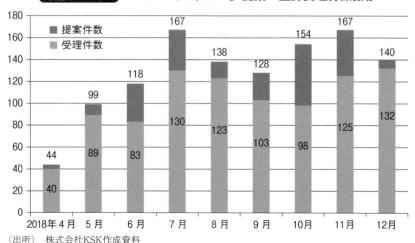

図表4−13　KSK 『ヨクスル』提案・登録受理件数推移

（出所）　株式会社KSK作成資料

第4章　「働きやすい職場環境づくり」への全社プロジェクト──株式会社KSK　135

スル』活動により，さらに"匠の仕事"をすることへの意識も高まる可能性がある。

"品質クレド"自体の一貫性によるところが大きいと思われるが，その浸透・定着に向けた取り組みの効果・効率も考慮した取り組みとも受け取れる。目的や効果を考慮して，実施する取り組みやイベントの関係性をもたせているということで，これらの工夫も有志社員が組織する委員会で検討，実施されていることは注目に値するだろう。

提出された業務改善・効率化の事例は，要件を満たしたものが「ヨクスル登録」され，こちらも登録受理された社員を表彰・褒賞している（**図表4－13**）。

(2)　『ヨクスル』─起源となった『管理本部サクサク提案運動』─

この『ヨクスル』の提案活動を始める以前より，間接部門を対象とした『管理本部サクサク提案運動』も実施している。『ヨクスル』活動は，この提案運動を現場部門にも展開する形で実施されたものだ。

直接顧客と接することが少なく，また技術・スキル・工程・規格などの制約される要素が少ない業務が多いという面もあるが，多くの業務改善提案の件数があがっている。管理本部（所属社員数71名）だけで年間約320件も寄せられたこともあり，ここでも活動への参加率の高さ（意識の高さ）が見える。

(3)　やりがいを感じさせる

この参加率の高さ，主体性の高さの1つの要因として，応募された改善提案の採用率が高い（約7割の採用率）ことがある。間接部門という自社内で完結する業務が多いため可能なこととともいえるが，提案内容（改善策）は可能な限り取り入れる方針で活動が運営されている。

誰でも自分の提案した改善策が採用されれば喜ぶ。その喜びがまた次も応募しようとの意欲につながり，改善への意識，良くしていくことへの意識が高まるという好循環を生んでいるのである。喜びや楽しみがあるから前向きに取り組める，現場を巻き込むことができる。これも「現場をのせる」「おもしろおかしくやる」という考え方に基づいた工夫の1つだ（**図表4－14**）。

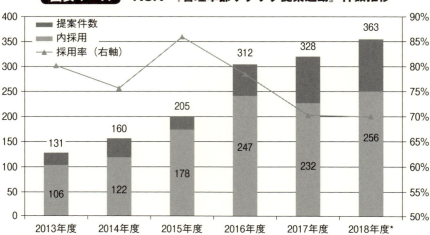

図表4-14　KSK 『管理本部サクサク提案運動』件数推移

＊2018年度の採用数は審査中であり暫定値
(出所)　株式会社KSK作成資料

(4) 変えていくことを習慣に

なお，この『管理本部サクサク提案運動』を通じて，管理本部では経費率を1ポイント低下させ，残業時間の削減につなげることができたという。ただ，残業時間の削減は「枝葉の話」であり，副産物であるとの見方をしている。現場（社員）が考えた効率化に向けた構造の設計や仕組づくりを，現場とともに速やかに実現する職場環境をつくることでついてくるとの考えである。

当然これら取り組みの結果，従来の業務フローが変わり，規程も多く改定されることになるため，現場でも一時的な負荷がかかることは避けられない。しかし，良くしていくために変えること，変わることを習慣だと思う意識をもって行動する（行動するようになる）ことが何より大事であることに異論はないだろう。

7 自社の良いところを再認識してさらに磨きをかけるために ―『KSKブランディングプロジェクト』―

「人質向上」を目的にさまざまな取り組みを行っている中で，会社の施策に対して「正面から目を向けていない」社員も存在するのは事実である。

これまで見てきた"品質クレド"の浸透・定着に向けた施策である各種カードの送受信数，募集キャンペーンなどへの参加率は高く，「人質向上」への取り組みは特に問題がないように見えるが，果たしてそうなのか。いい風土構築のためにいいことをしているはずなのだが，参加している社員自身にも客観的相対的な価値はなかなかわかりにくい。

このような思いを背景に，社内の人間がまずその価値（自社の良さ・自社らしさ・自社の強み）を再認識・理解するために，インナーブランディングを目的とした『KSKブランディングプロジェクト』にも取り組んでいる。

(1) 『ブランディングプロジェクト』―ここでも社員が主導。自律した人材の育成へ―

自社のよさや自社らしさを再認識するという取り組みは，1つ間違えると会社からの押し付けや押し売りにも受け取られてしまう危険性が潜んでいる。しかし，この取り組みにおいても『KSKかがやきプロジェクト』と同様に，プロジェクトごとに社員が参加する委員会を立ち上げて取り組むというやり方で行われている。ブランディングプロジェクト全体として何に取り組むのか，具体的にどのようなことをするのかという段階から，参加した社員で検討・企画することで，やはりこれも社員の参加型・主導型のプロジェクトにしている。このプロジェクトへの参加率も高いといい，社員が自分たちでやるという意識，参画意識が何よりも大事であるとの考え方が徹底されているといえよう。

⑵　手作り感あふれる具体的な活動

　『KSKブランディングプロジェクト』では，社員全員が自社の良さや自社らしさ，強みを正しく理解，認識して共有し，さらにそれらに磨きをかけていくことを目指す具体的な活動として「ブランドメッセージの策定」，「ブランドキャラクターの創出」，「ブランドブックの制作」などに取り組んだ（**図表4 −15，図表4 −16，図表4 −17**）。

　そのいずれにおいても社外の専門支援会社に協力を求めながら，各委員会で他社事例の研究とそれに対する各自の感想や意見の交換をはじめ，それぞれの制作の目的（意図），対象，コンセプトなどを整理，ブレーンストーミングを行うなどの地道な活動を半年以上の時間をかけて行っている。

　これら活動を通じてプロジェクトに参加した社員は，改めて自社の取り組みの意味とその良いところを再認識することになる。また，参加していない社員向けには，委員会ごとに『ブランディングプロジェクト通信』という社内報を発行して，検討の様子や内容，進捗状況などを全社員と共有することでインナーブランディングの効果を高めている。その他，「ブランドキャラクターの

図表4 −15　KSK　ブランドメッセージ

（出所）　株式会社KSK作成資料

第4章 「働きやすい職場環境づくり」への全社プロジェクト──株式会社KSK

図表4−16 KSK ブランドキャラクター 『みらい』

ブランドキャラクターが決まりました

みなさん はじめまして
ＫＳＫグループ
ブランドキャラクターの
「みらい」です

プロフィール
- 犬　種：ＫＳ犬
- 誕生日：5月23日（KSK設立月日）
- 仕　事：株式会社KSKのエンジニア
- 年　齢：3才（人間でいうところの30才前後）
- 性　格：社交的でとってもマジメ
- 好　物：梨　（稲城市の名産品）
- 特　技：トリリンガル（日本語と英語と犬語）
- 悩　み：興奮すると、犬語で喋ってしまうこと
- 好きな言葉：「ネクスト わん！」
　　　　　　「わん for all, All for わん！」

マジメな未来を かたちにする
We are Team KSK

（出所）　株式会社KSK作成資料

図表4-17　KSK　ブランドブック『31の思い』

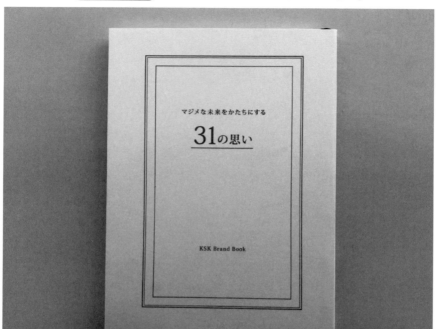

(出所)　株式会社KSK提供資料

創出」プロジェクトにおいては，キャラクターの愛称（名前）を社内に公募するなどのおなじみのイベントも開かれている。

(3) ブランドの浸透へ
―『ブランディングエッセイコンテスト』―

　インナーブランディングとして制作されたブランドブック『マジメな未来をかたちにする　31の思い』を活用して，社内へさらなるブランド浸透にも取り組んでいる。

ブランドブックでは，自社の良さ，自社らしさや目指す姿を「人間力」，「チーム力」，「風土」，「人材育成」，「品質」，「CS活動」の6つの切り口で，それぞれ5～6の思いを150～300字程度の文章で表現している（**図表4－18**）。

　『ブランディングエッセイコンテスト―「ブランドブックと私」―』では，ブランド浸透（自社の良さ，らしさ，強みの正しい認識ほか，目指す姿の理解・共有まで）を目的として『品活川柳』キャンペーンのように"31の思い"から1つを選び，それにまつわる社員創作のエッセイを募集するイベントを行っている。なお，『品活川柳』キャンペーンとは異なり，"31の思い"から題材とし

図表4－18　KSK　ブランドブック　"思い"

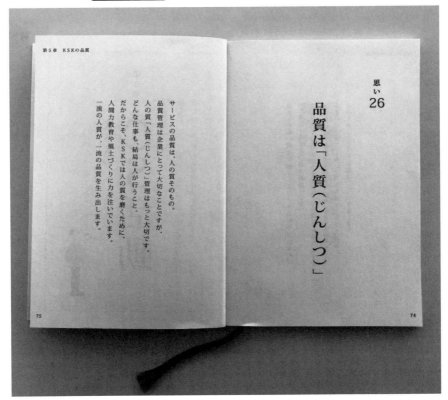

（出所）　株式会社KSK提供資料

てどの"思い"を1つ選ぶかは，応募する社員本人に委ねられている。

このコンテストには全社から109作品の応募があり，こちらも数次の審査を経て優秀作品の発表，その作者に対する表彰と褒賞が行われた（**図表4－19**）。

最終審査に残り，最優秀賞にノミネートされた作品をいくつか拝読する機会を得たが，いずれの作品においても，普段の業務の中での出来事に関してこれまで紹介した取り組みや施策の効果を実感したもの，その取り組みや施策による自分自身や職場の変化や成長を表したもの，これら効果や成長を実感できる会社への自分の思いを表したものという作品となっていた。

エッセイであるため，文字数をある程度書く必要があること，そして川柳とは異なりある程度読ませる文章となる「作品」でなければならない（と参加意思をもった社員も考えたであろう）ことなどから応募へのハードルが多少高め

図表4－19　KSK　『ブランディングエッセイコンテスト』表彰式の様子

（出所）　株式会社KSK提供

であったと思われ，同社の他の参加型（応募型）施策に比べ参加数（応募数）は比較的少ないものの，その分読み応えのある作品が多かったという印象である。

「チーム制」の機能がもたらすメンバー間のエンゲージメント，「5S（整理・整頓・清掃・清潔・躾）活動」，『KSKかがやきプロジェクト』での取り組みなどの内容に並び，自社の良さ・自社らしさを再認識してさらに磨きをかけていきたい，自分も成長していきたいとの内容もあり，『KSKブランディングプロジェクト』によるブランド浸透も着実に進んでいるのではないかと感じた。

(4) 『ブランディングプロジェクト』─社員が誇りをもつこと─

KSKのブランディング活動は，インナーブランディングを主な目的として行われているが，その活動を通じて自社の強みを正しく認識してそれを磨くことは，その先に顧客に対する意識も向上させて満足度を高めるという狙いがある。「人質向上」によって経営の基軸である「CS向上」を目指すための，これ

図表4−20　KSKグループのブランディング

ブランディングによって
経営理念が示す会社の方向性を表す軸に沿って各施策が統一感と一貫性を持って整然と実施され，ビジョン達成に向けてそれらの取組みが磨きあげられる

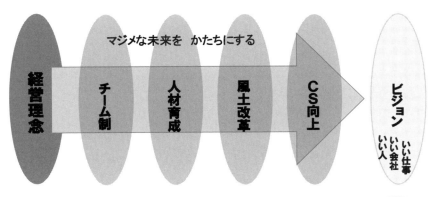

（出所）　株式会社KSK作成資料

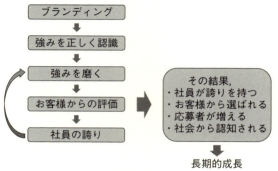

（出所）　株式会社KSK作成資料

も一貫した考え方に基づく施策である。

　自社の強み（よさ）という顧客から求められている（それがあるために選ばれている）要素をさらに磨き，顧客の評価を得る。その顧客からの評価が自信や誇りにつながり，さらにそれに磨きをかけるように意識が向くという好循環を生む効果が期待できるのである。

　また，顧客の評価が高まれば，他の顧客からも選ばれる可能性を高める。そして，自社を選ぶ顧客が増えれば，社会全体での認知度が高まることになり，これはまさしく社外に対するブランディングにも結びついていく（**図表4－20**，**図表4－21**）。

　このようにブランディング活動を考えていくとき，社会に認知され，社会に支持されるには何が最も大事か。それは普段から「正しいことをやっておくこと」（河村会長）という考え方に集約されていく。

(5)　ブランディング活動に必要な"題材"は

　ところで，このブランディング活動は，「いまあるものを形にする，いまあるものを実感して高めていく」という考えに発したものでもある。自社の良さ，らしさ，強みを認識するには，いま（自社に）あるものを見えるものに変えるなどして題材とするしかない。

第4章 「働きやすい職場環境づくり」への全社プロジェクト——株式会社KSK　　145

　また，インナーブランディングとして，自分が働く会社・職場・メンバーの良さを理解して，それを大事に守り育てていく意識をもつようになることは，まさしく同社が考える「会社と社員のエンゲージメント」の形成に他ならない。

　そして，これら2つを両立させるには，「会社と社員のエンゲージメント」を形成するために今行っているもの，今あるもの，すなわちさまざまな取り組みや施策が「正しいこと」でなければならないのである。

8 │ 続・「働きやすい職場環境」の追求 ―ゴールは「生き生きと前向きに」―

　エンゲージメント形成のため，会社がしておくべき「正しいこと」は，「働きやすい職場」と「成長できる環境」づくり，そしてそれに向けたさまざまな取り組みである。会社の基本戦略に組み込んだ「チーム制」により，対面接触によるコミュニケーションを図って相互の受容関係づくりから共通の目標をもって切磋琢磨する人材育成の基軸をつくり，自主参加の「読書会」や「5S活動」などによる人間力教育の機会や，充実した各種研修制度など業務に直結するスキルや資格取得の機会を提供することもその1つである。

(1)　各イベントに参加しようと思うこととは

　今回取り上げた取り組みや施策は，カード発信，川柳やエッセイの創作・応募，業務改善策の提案など，いずれも社員が自主的に参加するものである。それも，社員自身が普段から意識しておかないと（参加しようと思わないと）なかなかできないものだ。

　"匠の仕事" に気づく，業務を "ヨクスル" 工夫・改善を行う（工夫箇所・改善点を見つける）ためにはもちろんであるが，川柳やエッセイなどはネタ（題材）が大事になってくる。ネタになりそうなこと，創作のヒントになることを見つけるには，普段からその視点をもっていることが必要であろう。これらのイベントや募集に応募数が多い（参加率が高い）ということは，やはりそれだけ "品質クレド" やブランドの浸透・定着が進んでいることの証明でもある。まさしく意識をもって主体的に行動している社員が育成されているのである。

(2)　『人生100年時代』―何年働き続けることができますか―

　意識をもって主体的に働く自律的な社員にとって「働きやすい職場環境」の1つの要素は，フラットな組織であるとの考え方は先に取り上げたが，この自ら参加できる取り組みがあること，それも楽しみながら参加できる取り組みが

あることも大事であるとの考えが，一貫して同社のさまざまなイベントやキャンペーンの根底にある。

これまでの取り組みや施策の事例の紹介でも，「おもしろおかしくやる」，「現場をうまくのせる」ための一工夫がなされていると言及したが，これは「楽しくなければ仕事じゃない」との考えが反映されているものである。働く者が生き生きと働くこと，前向きに働くことが最も生産性向上につながるとの「経営者であればおそらくほとんどの人が理解しているシンプルな考え方」であり，そして「経営の最大のテーマ」（河村会長）であるとして，社員のやる気が高まり，おもしろみを感じられる職場環境とはどのようなものかを常に追求してさまざまな取り組みや施策が考えられて，行われている。

もちろん「正しいこと」を正攻法で，すなわちトップの命令でやらされたのでは，「正しいこと」でもつまらないうえ，フラットな組織で自律的に働くように育成された人材にはそぐわない。現場にまかせる，ゲーム感覚を取り入れて巻き込むなどの一工夫のほか，効果を高めるため一捻りされた仕組を考えることで目標の達成を目指している。

一方で，リスク管理の面でも生き生きと働ける職場環境は効果があると考えている。「チーム制」の機能（帰属意識を高めることによる効果）とも共通するが，近年注目度の高いメンタルヘルス疾患の予防効果など，労務問題の発生抑制にもつながるという。

なお，河村会長からは，「仕事は楽しくなければ続かない，死ぬまで働けというような職場では40～50年間も働き続けることはできない」との発言もあり，『人生100年時代』の働き方について考えさせられた。

9 これまでの取り組みの結実と将来に 向けての好循環へ：新卒採用 ―『インターンシップカフェ』―

　ここまでは，社内向けの施策や人材育成に関しての取り組みを見てきた。これら取り組みの根底にある考え方などにも言及してきたが，1つのキーワードは「働きやすい職場環境」である。「職場環境」に関しては，"ブラック企業"という言葉が広まったことや人手不足，『働き方改革』などの事情などから，今ほどその言葉自体に注目，関心が集まった時期はないのではないかと思える。そこに"働きやすい"と来れば，特にこれから就職する学生などが敏感に反応を示しそうなワードになる。

　少子化，労働力人口の減少という状況の中で，新卒採用は超売り手市場となっており，採用活動に苦戦しているという企業もかなりの数にのぼっていよう。ここでは，その中で「働きやすい職場環境づくり」に取り組んできたことが採用活動にどう活かされているのか紹介したい。

(1)　豊富なアピール材料

　新卒採用活動においては，『インターンシップカフェ』と称する企画が開催されている。その企画においては，昼過ぎから夕方6時までの間で，参加者は同社の業務や職場を体験する。最後は，ピザや飲み物が用意された同社現役社員との懇親会に参加するという内容になっている。

　厳しい新卒採用環境の中で，『インターンシップカフェ』において参加者に提示している大きなテーマは"会社が社員のために提供できるもの"であり，それはこれまで見てきた「働きやすい職場環境」と"成長できる環境"を指している。就職活動中の学生などに就職先として同社を候補に加え，そして選択してもらうことにつなげるKSKの大きなアピールポイントだ。

　『インターンシップカフェ』でのプログラムは，一般的に行われている採用

活動でのインターンシップと同様な職場体験や会社説明，実際の開発業務にできるだけ近い体験ができるゲーム形式のメニューのほか，さまざまな取り組みや施策を実際に体感してもらうメニューが中心となっている。

30分程度で制度や仕組の内容およびそのやり方などを説明した後，ワークショップを開催する。『読書会』も開催され，『インターンシップカフェ』への参加を通じて得たこと，感じたことなどに関する『Smileカード』も実際に書いてもらうなど，社内で日常的に行われている施策を体験してもらっている。その他，『気づき日報』や『BIC制度』（KSK BBQ Invitation Card）により開催された同社社員によるバーベキュー風景の写真，実際に社内で行き交っている膨大な数の『Smileカード』の中身なども閲覧することができるようになっている。

(2) 実際に行われているものであることこそが強み

これらについては，実際に行われている施策や取り組みであり，絆を深めるエンゲージメント効果も上がっている。採用活動やインターンシップのために，普段は使われないもの（採用活動のためだけに作成された資料や題材など）を新たに企画・制作したものではなく，従来「正しいこと」と考えて実際に取り組んで効果が出ているものを題材として体験してもらうことができているのである。

現役社員が参加・取り組んでいる施策や仕組を体験することで，同社の職場環境の雰囲気を正しく伝えられる機会となっている。この面では採用活動において他社との差別化が図ることができ，参加者の印象に残すことができると考えられる（**図表4－22**）。

(3) ミスマッチの防止・高い定着率

最後の懇親会では，『インターンシップカフェ』でのさまざまな取り組みの体験とその感想を現役社員と共有する機会もあり，リアルな職場の雰囲気を感じることが可能である。そこでは，参加者は実際に行われている施策や取り組みを『インターンシップカフェ』で体験済みであるので，現役社員とは同じ体

150

図表4－22 KSK『インターンシップカフェ』の様子

（出所）　株式会社KSK提供

験をした"仲間"として共感する（絆を深める）こともできる時間となる。

　また，その懇親会の場では，河村会長に気さくに話しかける若手社員もいるため，参加者は会長と若手社員が和やかに談笑している姿にも遭遇することがあるという。KSKが考える"働きやすい職場"とはどのようなものかの一端をうかがい知る参加者もいると思われる。

　このように，実際の職場環境や職場の雰囲気を参加者に感じさせられることは，採用活動において大きな強みであり，現に『インターンシップカフェ』の参加者の中からその後入社する者が多いとのことである。『インターンシップカフェ』企画の効果は十分に出ているといえよう。

　また，この『インターンシップカフェ』の参加者は，実際の職場環境や職場の雰囲気をリアルに体験して入社してくることになる。すなわち，入社後そこで働く自分の姿のイメージを明確に描くことができているため，入社動機が明

第4章 「働きやすい職場環境づくり」への全社プロジェクト——株式会社KSK　151

確になり，かつ，その思いも強くなると思われる。したがって，いわゆる採用での"ミスマッチ"も生じにくく，その後の高い定着率にも影響している。

(4)　好業績を支える人材の確保

現在の好調な業績を支えている要因の1つに，アナリストも驚くほどであるという人材の確保と定着が，順調かつ安定的に実現できていることがあげられる。近年の取引の増大に応じられる人材を確保して定着させることができていることが，売上増に大きく寄与しているという。超売り手市場といわれている近年の新卒採用において，おおむね計画どおりの順調な採用活動を行うことができているとのことだ。

中途採用では，さすがに即戦力のキャリア採用は厳しいとのことであったが，同社としては育成・教育体制には自信をもっており，第二新卒などの若手の中途採用を積極的に行い，定着・戦力化することに注力している。

(5)　「正しいこと」に取り組んで来た1つの成果

昨今の人手不足が課題となっている状況で，おおむね計画どおりの順調な採用活動を行うことができているということは，これまで「正しいこと」であると考えて取り組んできたさまざまな取り組みや施策の1つの成果といえよう。

社員が生き生きと前向きに働けるような「働きやすい職場環境」をつくり生産性向上を目指すという言葉に注目すると，今各社で取り組もうと動いている『働き方改革』のはしりとも受け取れるが，KSKの取り組みはすでに10年以上前から行われている。ブランディング活動でも見たように，「顧客の評価，社会の支持を得ることが大事」と考えて，「正しいこと」に次々と取り組んできた結果が現在の好業績を支えているともいえる。

10 │ 最後に―各社での取り組みに向けて―

　以上，経営の基軸の1つとする「CS向上」に向けた「人質向上」のための各種施策や取り組みを中心に見てきたが，そのいずれにも根底にはいい企業風土づくり，「働きやすい職場環境づくり」（会社と社員，社員と社員の間のエンゲージメント）という一貫した考え方があるのがわかる。「どんな仕事も，結局は人が行うこと」（ブランドブック『マジメな未来をかたちにする　31の思い』）として「人質向上」を図り，また生産性を向上させるには社員が生き生きと前向きに働くことが最善の方法であるとの考えに基づき，それが人材育成にも反映されているのがおわかりいただけただろう。

　そして，これらの一貫した考え方により統一感をもって行われる取り組みや施策の数々において，そのイベントやキャンペーンの1つひとつに「自分で考えて自律的に行動する人材の育成」にも寄与するための一工夫や一捻りされた後がうかがえる。

　いい企業風土づくり，「働きやすい職場環境づくり」の考え方とリンクした人材育成のやり方であり，どちらの目的に対しても相乗効果が生まれるよう考えられた1つの方針に基づいて行われているのがわかる。

(1)　KSKの事例から何を得るか

　当然のことながら，ここまで紹介した内容は固有の事情や環境（業務形態等）をもった企業が，その中で「正しいこと」と考えて長年取り組み，それが現在の好業績につながっているという1つの成功事例である。時代や取り巻く環境などが変化すれば，またその取り組みは違ったものになる可能性もある。ただ，その時代や与えられた環境に適応するために変化していくことが1つの正解であることもわかる事例であると思う。

　この，時代の変化や与えられた環境に適応するための変化としてKSKが取った対応が，意識をもって行動できる「自律した人材を育成する」こと，そして

その人材にとって「働きやすい職場」を構築することであった。

意識をもって行動できる自律した人材を求めるのは，企業そして経営者にとって当然であり，またそのように人材を育てていくことは普遍的な経営戦略である。採用時にはその要素・能力がある人物なのかを探り，入社後は各種教育研修なども行いつつ，処遇制度においてもその要素・能力を発揮して成果を出した者を評価する仕組が一般的なものとなっている。昇給，昇格に差を設ける，職種等によるコース分けを行うことで社員に自覚や意識を促すようにするなど，あらゆる処遇制度の仕組はこの考えに基づくといえよう。また，処遇制度を変えることは，社員の意識を変え，そして社員が意識して行動するようになることを期待するものであるが，それはそもそも社員自らが行動する・行動できるようになれば，企業が時代や環境の変化に対応する（持続的に成長する，存続する）可能性が高まるからである。

年功的な処遇制度から能力主義的，成果主義的な要素の強い処遇制度体系に制度を改定している企業も，これら時代や環境の変化に対応しているといえる。しかし，制度といういわば"入れ物"だけを変えることでは，なかなかその大事な"中身"である社員を変えることはできない。なぜなら，社員を取り巻く事情も変化しているからである。少子化，労働力人口の減少などの大きな社会環境の変化は，従来の"日本企業社員"というイメージにあてはまらない社員を多く生み出している。

従来の"日本企業社員"というイメージは，「新卒」，「正社員」，そして「日本人男性」の３つのキーワードに象徴されるものであろう。この"社員"と終身雇用制度がセットで，それにふさわしい日本企業の処遇制度が構築，運用されてきた。長時間労働に加え，辞令１つで異動，日本全国はおろか海外まで転勤する社員を中心にサポートする制度である。

この"社員"はある意味で，企業から見れば"オールマイティな社員"といえる。企業のあらゆる部署，あらゆる仕事，加えてあらゆる時間帯でも働く（働かせることができる）社員だったからだ。そして，企業はほとんどこのような"社員"で構成されているため，そのサポート制度もある意味単一で局所重点的なもので済んでいた。

ところが，近年，企業はあらゆる背景や事情をもった社員で構成されるようになっている。非正規社員が増えただけでなく，正社員でも育児や介護のような事情で短時間勤務にせざるを得ない者や転居を伴う転勤が困難な者も増えている。これらは以前であれば，おそらく退職という選択肢を選んでいたであろう社員である。人手不足となった現在においては，業務経験者は何よりも大きな戦力であり，少しでも勤務を継続できるよう多くの企業で処遇制度が改定されている。また，外国人を正社員として採用する企業も増えており，従来とは全くというほど異なる思想や価値観を持った社員が存在するところもある。

これら社員の中には，従来のオールマイティな社員とは違い，この時間帯のみ，この場所でのみ，この仕事のみ，という働き方（働かせ方）しかできない社員も含まれている場合もあり，どのような役目も担える（企業側の事情だけで働き方を変化させられる）社員ばかりではない。まさに，日本の企業は大きな転換点を迎えているのである。

(2) 求められる対応は

このような状況になると，従来型の制度（とその考え方），そして組織では対応しにくくなってしまう。河村会長が「（業務内容の変化で）上司はもはや部下を見られない。従来型の組織による管理は難しくなっている」旨の話をされていたことを紹介したが，こちらの面でも従来の考え方に基づく仕組や組織による管理・統制が難しくなっているといえる。

また，このような社員を多く抱える組織では，今まで以上に"労働資源"（労働力としての人や与えられた時間（納期））の管理を行いながら業務を遂行することが管理職に求められる。管理職を担う人材については，一般社員以上に従来とは違う働き方ができる者でなければならないのである。時代や環境の変化に合わせて企業を持続的に成長・存続させるための，社員に関する事情については，いずれの企業においても同様な課題を抱えているといってよいだろう。

社員に関する事情については，前記のとおりいずれの企業でもほぼ共通の内容（さまざまな背景・事情をもった社員で構成されているという事情）を抱えている。しかし，社員の自律的な行動により時代や環境の変化に合わせていか

第4章　「働きやすい職場環境づくり」への全社プロジェクト——株式会社KSK　　155

ねばならない企業としての事情は，その置かれた環境でさまざまである。"中身"である社員の事情が変わったため，その"入れ物"となる制度や仕組を変えねばならないが，その置かれた環境や企業の志向に応じた制度・仕組を構築する必要がある。

　ただ，ここで留意すべきなのは，前記のような社員側の変化である。今まであれば，制度である"入れ物"の形を変えることでその"中身"である社員を（形に合わせて）ある程度変えることができた。しかし，もはや変われない事情（部分）をもった社員が存在しているのである。このことを踏まえず，従来のような制度の見直しのやり方を進めても，それは効果を高めるものにはならないと思われる。社員の働き方の変化に応じてさまざまなサポート制度を新しく導入した企業においても，なかなかその認知度・利用度が高まらないのは，これらについて十分に考えられていないからでないか。

　もちろん企業は持続的に成長・存続すべきことを第一に考えた存在であり，社員に迎合することのみを考えることは本末転倒である。あくまで，企業が持続的に成長・存続するために社員が必要なのである。そして，その社員が自律的に行動することで，時代や環境の変化に対応していくのである。それを促す仕組を構築することが求められる。

　KSKではそれを「働きやすい職場」として，それはどのようなものかを深く考えて対応してきた。「働きやすい職場」をどう定義するかは，企業によりその置かれた環境や志向により異なってくるが，根本的にここだけは押さえておかないといけない部分（考え方や基本方針）を大事にして，それに基づいた一貫性のある施策や取り組みを行うことで1つの成果を生んだ事例でもある。

　勤務形態，勤務地などの働き方は制約があって変えることができないとしても，働く社員の意識は変えることができ，そして生き生きと前向きに働くように変えていく手段は考えられるのでないだろうか。新しい制度への見直しやその構築において，実効性の高まる工夫を盛り込むための基軸をしっかりともちたい。

　今後，AIが発達しても人が行う仕事は残るとすれば，その「人が行う仕事」，「人により提供される仕事」が付加価値を生み，他社との差別化を図れる部分

とも考えられる。加えて，これら時代や環境の変化に適応するためにも意識を持って自律的に行動できる社員が必要で，その社員が生き生き前向きに働くことでその付加価値を高められるとすれば，そのように社員の意識を変えるには何をすればよいのか。自社として押さえるべき「基本方針」（基軸）の検討からまずは着手してみるのはいかがだろうか。

第 **5** 章

「ICTとヒトの力」を基盤に進化する
業界の異端児
——日本瓦斯株式会社（ニチガス）

　第5章では，関東近郊を拠点とする総合エネルギー事業会社である日本
瓦斯株式会社（以下，「ニチガス」）の事例を紹介する。

　創業は1955年。東証一部上場企業として，関東圏を中心にガス（LPガス，
都市ガス）の供給，ガス機器や住宅機器の販売，住宅設備機器のリフォー
ムなどの製造販売を行う。事業の中心となるのはガスの供給で，顧客数は
LPガスが約6割，都市ガスが約4割で，合計140万戸LPを超える。2018
年から電力事業にも参入した。

　契約件数は5年で1.3倍，時価総額も10年で4.2倍と急成長を遂げている。
その秘訣は「ヒトとICTの力」だという。自由化後，ステージが変わった
ニチガスにおいて人事担当役員としてバトンを託された尾作取締役，女性
初の執行役員の岩崎人事部長，研修担当の真中部長，グループ人事担当の
澤田課長に話をお聞きした。

《会社概要》

本社：東京都渋谷区

社長：和田眞治氏

資本金：70億7千万円

従業員：1,922名（連結）2019年4月1日現在

事業内容：LPガス販売，都市ガス事業，電力事業，コミュニティーガス事業，LNG
　　　　　販売，一般高圧ガス販売，ガス機器空調機器販売，リフォーム事業，総合設備工
　　　　　事他

グループ売上高：122,577百万円（2019年3月末）

グループ子会社：東彩ガス，新日本瓦斯，東日本ガス，北日本ガス，日本瓦斯工事，
　　　　　日本瓦斯運輸整備

持分法適用関連会社：Strategic Power Holding LLC（アメリカテキサス州），
　　　　　COzero Holdings Limited（オーストラリアニューサウスウェールズ州）

1 | 業界の異端児と呼ばれ

「我々は自由を勝ち取った」

　ガス小売りの自由化を控えた2017年1月，取引先と社員の集まる恒例の「新春の会」で，和田社長は開口一番，高らかに宣言をした。消費者にとってエネルギーを自由に選択できることは，サービスの質，価格でメリットが期待できる反面，規制で守られていた業界にとっては厳しい競争にさらされることを意味する。

　ニチガスはこれを脅威と捉えるのではなく，満願成就，千載一遇のチャンスと捉えていた。自由化直前の2月からは，関東近郊で「ニチガス・ニ・スルーノ三世」（**図表5－1**）のテレビコマーシャルが大量に放映された。「ニチガスにする〜のさんせいです！」という明るく耳に残るキャッチフレーズは，聞き覚えのある方も多いだろう。「2017年度　企業別CM好感度ランキング」躍進企業の第2位にランクイン[2]し，ニチガスの知名度・好感度は一気に高まった。

　広告宣伝だけではなく，「東京電力エナジーパートナー（東電EP社）」との業務提携とJVの設立，AIやFintechに優れた技術を有するICT企業「メタップス」などのベンチャーと手を携えるなど，さまざまな戦術を繰り出している。

　結果，自由化初年度で自社最高の顧客純増数13.8万件を達成している。しかし，ニチガスはただのガス小売事業で終わるつもりは毛頭ない。ガスに加え電気の取り扱いを開始し，すでに総合エネルギー企業に進化を遂げているが，目指す姿は「エネルギープラットフォーマー」。異業種からエネルギー業界への参入を可能にし，業界に新たなイノベーションを起こすことを目指している（**図表5－2**）。ニチガスは，早くからこの動きを見据えて，すでに自由化が進んでいたアメリカでの事業展開，国内ではICT力の強化などの準備を進めながら，この千載一遇のチャンスを待ち構えていたのだ。

2　プレスリリース「2017年度　企業別CM好感度ランキング」（株式会社東京企画　CM総合研究所 2018年4月11日）

第5章 「ICTとヒトの力」を基盤に進化する業界の異端児──日本瓦斯株式会社（ニチガス） 159

図表5-1 ニチガス・ニ・スルーノ三世

（出所） 日本瓦斯資料

図表5-2 ニチガスのビジョン

（出所） 日本瓦斯アニュアルレポート（2017年3月度決算）

2 | 強さの基盤は「ICTとヒトの力」

　プロパー社員で女性初の執行役員となった人事部長の岩崎氏はこう話す。
　「和田が課長時代から描いていた構想を，社長になってから次々に実現しています。外から見ると，驚かれるかもしれませんが，周りの人間は昔から聞いていた話なので，『ああ，あのときの話を具現化したんだ』と感じています。スピード感が求められるので，ついていくのは大変ですが，イメージが共有できているのでブレることはありませんね」
　社長が描いたビジョンを猛烈な勢いで具体化していくことは，言うほど簡単ではないだろう。常人よりもはるかに先を見定め，限界や規制などこれまでの「当たり前」を打破するための策を具体化していくのであればなおさらである。前例にとらわれず，柔軟に変化と成長を続ける強みは何であろうか。「我々の強みはやはり，ICTとヒトの力です」と語るのは尾作取締役である。
　他社との業務提携やICTが重要であることには変わりはないが，それだけではお客様に選ばれることはない。ニチガスでは営業社員がお客様のお宅を訪問し，face-to-faceでサービスの説明を行う"お客様の顔が見える関係"を重視している。ICTを最大限に活用して，効率化すべきものはするが，信頼関係を築くのはヒトとヒトとのつながりである。このスタイルは，お客様の規模が140万件を超えた（19年2月時点）今も，そしてこれからも変わらない。
　営業のヒトにとどまらず，本社組織のヒトの強さも目を引く。ニチガスの本社部門の社員は，プロパーに加え中途採用や子会社からの抜擢も多い。部長や上席のポジションに中途採用者が就くと，プロパー社員による足の引っ張り合いや嫌がらせなどが起こりがちであるが，「そんなことはないですよ」と岩崎氏は笑う。
　「中途の数が多いこともありますが，『優秀な人の力を借りよう，教えてもらおう』という素直なプロパー社員が多いと思います。中途や子会社出身，年齢にかかわらず，良い意見は取り入れる，優秀な人を登用するだけのことです。そこは社長以下役員が徹底していると思います」

3 | ヒトが集まらない，辞めていく…

(1) ストレスの対処法

そのようなニチガスでも，過去には人が集まらず，辞めていく課題に苦しむ時代があった。それは営業職ならではの「ストレス対処法」と「働き方改革」の壁である。

以下で紹介していくニチガスの状況は5年ほど前のものであり，すでにICTの力や人事制度改定などで大幅に改善をしている。一方で，同様の課題を抱えながら，手をこまねいている企業は極めて多い。たとえ大きな課題を抱えていたとしても，ブレない軸と意志，実行力があれば変革ができるということを，ニチガスの事例を通じて体感していただきたいと思う。

当時よりICTなどを駆使して大幅なコスト削減をしており，料金もサービスも総じて競争力が高い。このため，営業社員の多くは「良いサービスを適切な価格で提供する」ことに自信を持っている。お客様からも「ニチガスさんで良かった」「節約ができて助かった」との感謝の言葉をいただくことが多いため，使命感をもって活動している営業社員が多い。また，ニチガスのサービスは多様ではあるが，各種のICTツールが未経験者をサポートしているため，未経験者であっても十分活躍ができる。

しかし，環境が整っていても，当時は「ストレス」に上手く対処できず去っていく者が多かった。ニチガスの顧客は個人が中心であり，新規顧客の獲得のために飛び込み営業を行うことも多い。ドアすら開けてもらえずに，冷たくあしらわれることもある。組織もチャレンジングなビジョンを掲げているが，個人に期待する数字目標も意欲的で，努力することなく達成されるわけではない。

日々の活動で顧客から断られ続け，数字目標が思うように達成できないと，使命感もしぼみ，つらい気持ちが膨んでいく。その結果，「自分には営業の適性がない」と思い込み退職に至ってしまう例が多くあった。ニチガスも，かつ

ては「つらい壁を乗り越えることも含めて適性であり，適性がない者は去ったほうがお互いのため」だと，ストレスの対処を個人に委ねていた。

あるトップ営業員はこう語る。

「よく，営業はつらい仕事って言いますが，私はそう思ったことがないです。つらいと思うのは，お客様から断られたり，数字が思うようにつくれなかったりしたときに，自分自身を否定された，自尊心が傷つけられたと感じてしまうからでしょう。自分の人格と行動や結果を切り分けて考えれば，そうは思わないはずです。失敗したとしても提案内容やタイミングが悪かっただけ。悔しいとは思いますが，次の方法を考えるだけです」

「提案を断られる＝社員個人が拒否される」，「商品の不具合に対する苦情＝社員個人の批判」ではない。しかし，前述の営業社員とは異なり，クレームや提案を断られたことを「自分という人間への評価」だと誤解してしまう人は多い。当時は，会社としての能動的なサポートは限られていたため，迷いや悩みを解消できないまま去っていく者も多くいたそうだ。

(2)　働き方改革

退職率の上昇に追い打ちをかけたのが「ワーク・ライフ・バランス」の普及である。2010年代前半，ワーク・ライフ・バランスや働き方改革が注目され，関連する「イクメン」などの認知度が広まりつつあった。一部の先進企業で取り組みが進んでいたものの，法制面の規制は強化されておらず「わかってはいるが，うちではまだ無理だ」と静観する企業が主流であった。

ニチガスも自由化に向けて実績を上げることが何よりもまず最優先されていた時期である。「靴をすり減らして稼ぐ」，「長時間頑張る人」が評価される傾向にあった。意欲はありながらも長時間頑張れない人，自分の生活を優先したい人は脱落してしまう。当時のGoogleの検索ワードに「ニチガス」と入力すると，検索候補に「ニチガス　ブラック」と出てくるほどであった。

極めつけは，2010年代後半から突入した人材の超売り手市場である。ヒトとヒトのつながりを重視する以上，ヒトの数は成長の原動力となる。ところが，採用が思うようにはできなくなり，退職者の補てんが追いつかない状況となっ

ていく。結果，既存の社員の負荷が高まり，長時間残業が常態化し，優秀者ですら耐えきれず退職をする悪循環に陥っていった。

4 | 忙しすぎて新人のケアができない

(1) 現場での高い負荷

　当時からニチガスの企業業績は右肩上がりで，報酬水準も決して低くはなかった。ストレスの乗り越え方などを教えてくれる先輩がいれば，お節介焼きの上司がいてくれたならば，状況は変わっていただろう。顧客との関係性においてヒトを重視しながら，当時のニチガスは社内のヒトの育成とケアがままならない状態となっていたのだ。

　その背景にあるのは，「忙しすぎて新人のケアができない」営業現場の状況であった。既存社員の忙しさは，ヒトとヒトのつながりを重視するがゆえの「現場での高い負荷」，そして成績優秀者を登用するがゆえの「プレイングマネジャーの存在」にあった。

　ガス小売りの営業は，モノを販売して終わるビジネスではない。自社の成長にとって新規契約の件数増は生命線であるが，継続することが何より重要である。通常，個人宅であればガスを使用しているため，新規契約は他社からの乗り換えを意味する。ニチガスが他社から契約を切り替えさせようとすると同時に，ニチガスの顧客にも他社から攻勢がかかる。このため，既存のお客様との関係を築き，他社の切り替え攻勢から守っていくことも営業の重要な仕事である。

　筆者もかつて転居をした際に，ガスや電気，電話，水道，住民票などの手続きをした経験がある。その中でも，ニチガスの担当者が群を抜いて親切で丁寧な対応をしてくれた。お得な料金プランを紹介してくれたり，自宅のガス機器の取り扱いを細やかに説明してくれたりするが，押しつけがましさはない。みだしなみも清潔感があり，手続きを淡々と進める業者との違いが際立っていたため，印象に残っている。「機器の買い替えやプラン変更をするときは，この担当者に相談しよう」と思い，名刺を保管している。

第5章 「ICTとヒトの力」を基盤に進化する業界の異端児——日本瓦斯株式会社（ニチガス）　165

　顧客との接点を最大限に活用するために，営業社員に多くの役割が課せられていた。転居時の開栓業務やガスの不具合が生じた際の訪問対応，さらにはお客様と触れ合うイベントの企画・実施・集客，ガス機器のチラシ作成などの既存顧客のフォローアップも重要な役割であった。価格競争力の高いガス機器やリフォームの提案も，囲い込みの強力なツールとなっている。当時も効率化されたり，業務委託社員に切り分けられたりしていった業務も多かったが，ヒトに頼る業務は多く残っていた。

　このため，営業社員の働き方は，週休二日を前提にはしておらず，月に1回の土曜出勤日があり，若い世代からは不評であった（2019年4月より完全週休2日制を導入）。さらに，緊急対応のための宿直，イベント実施のための休日出勤も別途発生する。宿直は営業所内で当番制となるが，人数が少ない営業所ではその頻度が高くなる。日々多忙なため，休日出勤後の代替休暇の取得はおろか，有給休暇の取得もままならなかった。

　顧客のライフスタイルの変化も，営業社員の働き方を変えていた。これまでは，日中に自宅にいる主婦を訪問していたが，共働きが増えたことで日中の訪問が難しくなっていた。顧客の要望により夕方の帰宅時間に合わせたり，休日に商談したりすることが増えていった。業務量の多さに加え，顧客の都合に合わせるための長時間の拘束を余儀なくされた。サービス残業の強要はなく，報酬は適切に支給されていたものの「週末，娘の運動会を見に行ったときに呼び出された。勘弁してほしい」，「報酬の額面を見た瞬間は嬉しいが，家族の顔をもっと見たい」との声があがっていた。

(2)　プレイングマネジャーの存在

　新人のケアがままならないもう1つの理由として，「プレイングマネジャー」の存在がある。これはニチガスだけではなく，離職率の高さに苦しむ営業組織に共通するだろう。

　昨今の管理職は，成果責任だけではなく，コンプライアンスの徹底，本部組織からの指示命令事項の伝達と徹底，各種進捗報告，そして厳しくなりつつある労務管理の責任も負う。マネジメントとして最低限なすべき事項が極めて多

いだけではなく，少しでも振る舞いを間違うとセクハラやパワハラとして処罰される。マネジメントの責任も難易度も上昇の一途をたどっている。

　高い成果を上げた営業社員を管理職に上げることに違和感はないだろう。ただ，名選手が必ずしも名監督ではないように，営業のエースが必ず優秀管理職になれるとは限らない。必要とされる知識や経験，能力が大きく異なるからだ。ただでさえ難易度が上がっているマネジャーの役割をプレイヤーに求めたらどうなるだろうか。慣れないマネジメントに注力するよりも，トッププレイヤーとして得意な営業をし続けて営業所の数字を自分でつくり，周囲から注目されて評価されることを目指すだろう。

　自ずと人材育成は後手になる。もちろん，優秀な管理職は問題に自らが気づき，若手の育成に注力している。しかし，かつては自分が人を育まないことが問題だと思わず「人事部の採用に問題があるから，現場が苦労するんだ」と責任転嫁をする者もいたそうだ。

　「大量採用，最少のケア，中程度の退職」で上手くいった時代は過ぎ去り，「中程度の採用，最大のケア，最低限の退職」にシフトしていかなければ，営業体制の維持すらおぼつかないことは明らかであった。最も効果的な解決策は，「管理職はマネジメントに専念し，プレイヤーから完全に手離れさせる」である。しかし，組織として優秀なプレイヤーを1人失うこととなるため，決断のハードルは高かった。このため，ニチガス流で確実に実践ができる「プレイングマネジャー」のあり方を示すことが喫緊の課題となっていた。

5 人事制度の改革へ

　かつて多くの課題を抱えていたニチガスが，５年間でどのように改革を進めていったか見ていこう。

　ニチガスでは，ガス小売りの自由化の３年前となる2014年から人事制度の大改革に着手している。人材の定着の課題以外に，人事評価と報酬の仕組みにも課題を抱えていた。人事制度にメスを入れるきっかけは，ある優秀な営業社員が和田社長に申し出た一言だった。

　「社長は『ヒトが大切だ』と言うけれど，制度も仕組みも全然整っていない。きちんと形で示してください」

　スピード感をもって実践することはニチガスの最大の強みだ。営業現場の課題解決が難しいならば，まずは人事制度改革である。上記のやり取りがあった直後から，制度改革のプロジェクトが立ち上がった。

　営業社員の指摘した制度と仕組みとは，評価と報酬である。それまでの評価や処遇は，数字がすべて。新規顧客の獲得が多ければ賞与も上がり，昇格もする。会社が示した方向性に沿って成果を上げれば，高い処遇が得られる。シンプルで一見，わかりやすいがエネルギー事業であるがゆえのゆがみも抱えていたのだ。

　まず，既存契約が会社を支えるというストックビジネスであることが，評価のあり方を複雑にしていた。新規契約は成長のバロメーターであるが，その時点で収益にはならない。会社の収益は，過去から積み上げた既存契約からもたらされる。設備投資ができるのも，社員の報酬が支給されるのも，新規だけではなく既存契約から上がる収益のおかげであり，それらは諸先輩方が過去から積み上げた努力が基礎となっている。ニチガス社内でもその認識は浸透しており，優秀者も口々に指摘している。

　「新規獲得の成果を上げたらもっとインセンティブがほしいですが，だからといって，過去の貢献がある諸先輩が冷遇されることは耐えられないです」

「体力があって活動量が稼げる今は，成果を上げられます。ただ，定年まで
それを続けられる自信がないのが本音です」

　年齢を重ねて新規獲得は少ないものの，多くの既契約件数を抱えていたり，
長年顧客に支持されていたりするベテラン営業社員も存在する。成長のアクセ
ルを踏みたいフェーズにおいて年功要素は否定されがちであるが，ベテラン社
員の貢献を完全否定することは現在の勢いを削ぐことにもなる。

　加えて，既存顧客に関する大量の役割を果たしながら，新規の顧客獲得に時
間を割くことは容易ではない。既存顧客から連絡があったときは最優先で駆け
つけなくてはならないが，トラブル対応など手間がかかることも多い。ところ
が，これらフォローは「やって当たり前」であるため評価されなかった。一方
で，新規獲得は高い評価と報酬につながるため，評価につながらないフォロー
を後回しにする社員も現れていた。

　また，高業績者と標準者の間に報酬格差は大きくつくが，トップクラスで
あっても絶対的な水準は保険や証券など金融機関の個人営業に比べると魅力は
乏しい。苦労や負担感と報酬がアンバランスとなっていた。

　新規獲得と既存顧客のフォローアップ，そして過去の貢献，いずれも組織を
持続させるうえで重要である。しかし，当時のニチガスでは評価の軸があいま
いになっていたため，組織長の印象評価になりがちであった。

6 │ 改革の柱

(1) 新規専任職の創設

　以上のような課題を踏まえ，ニチガスの人事制度改革では以下の2本の柱を掲げた。

〈制度改革の2本柱〉

　　1．高いインセンティブを提供できる新規専任職の創設

　　2．役割等級と評価基準により数字以外の評価の拠りどころを示す

改革の概要を見ていこう。

　新規専任職は，既存顧客のフォローなどが一切なく新規営業に専念できる職務である。新規に専念させる営業職は，長年社員からも要望が上がり検討はするものの，「既存顧客との接点をできるだけ多くもち，囲い込みや新規顧客の紹介につなげる」という営業スタイルを変えるものであり，決断には至らなかった。

　しかし，自由化に向けて成長のエンジンとなる新規契約の獲得は喫緊の課題であったことから，「まずは導入して，ダメなら変えるか廃止する」覚悟で，人事制度改革の目玉施策として打ち出された。

　当職種の魅力は，思う存分に新規獲得に専念できるだけではなく，高いインセンティブにもある。『所得倍増計画』と銘打ち，年齢や経験にかかわらず，成果を上げれば役員並みの報酬水準を可能とするインセンティブのテーブルを設け，他の営業社員とは一線を画す仕組みとした（**図表5－3**）。成果を上げれば高い報酬が得られるものの，上げなければ報酬が下がる仕組みとなる。大幅な報酬減のリスクもあるため，勤続年数が一定以上の優秀社員が希望した場合に限り認め，再度既存契約のフォローもする通常の営業職に戻りたい場合は，これも柔軟に認めるものとした。

　どの程度の社員が応じるかは読み切れないところであったが，導入当初から

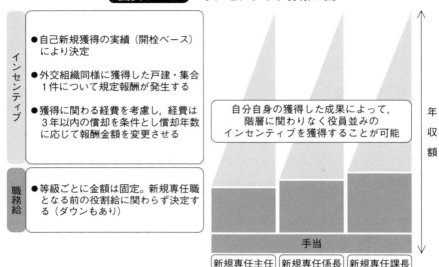

(出所)「人事制度ハンドブック」(日本瓦斯社内資料, 2015年度版)

10名程度の者が新規専任職として活躍している。2015年の導入から3年が経過した2018年度は、20代でありながら営業所長を大きく超えるインセンティブを受ける者が出るなど、ニチガスの顧客純増の原動力となっている。

執行役員の岩崎氏によると、新たな課題も見えてきたという。

「新規専任職は、新規契約獲得のみをひたすら追いかける職種です。一匹狼的に活動することを割り切れている方はいいのですが、既存契約にタッチしないので営業所の中で少し浮いた存在になることもあるようです」

また、猛烈な勢いでICTが進化するニチガスならではの課題もあるという。

「既存契約の管理システムは常にアップデートして新たな機能が追加されているので、1～2年もするとほとんど違う仕組みといっていいほどに変化します。営業社員はこのシステムが操作できないと仕事になりませんが、新規専任職の間は全く触れることがありません。このため、営業職として復帰するには覚え直す必要があります。新規専任職に挑戦したいと思いながらも、ためらう理由になっているとの声も聞かれます。」

第5章 「ICTとヒトの力」を基盤に進化する業界の異端児——日本瓦斯株式会社（ニチガス） **171**

　しかし，新規専任職はニチガスにとって欠かせない制度となっているため，廃止することは考えていないそうだ。「現場のニーズに応えながら，より良いものに進化させていきたいです」と岩崎氏は話す。

(2) 役割等級と評価基準により数字以外の評価の拠りどころを示す

　数字以外の役割や行動を示すことで，営業以外の職務に光をあてること，そして営業の数字以外の行動を評価することを目指している。それぞれ詳しく述べていきたい。

① 営業職以外に光をあてる

　営業力を重視する会社において，営業成績の優秀者はスポットライトが当たり，周囲から称賛される。その一方で，それ以外の部署の社員は「やって当たり前」，「ミスや遅れは減点」となり，影の存在となりがちだ。スポットライトを浴びたいのであれば，営業に転換すればよい，という考え方もある。しかし，エネルギープラットフォーマーを目指すニチガスにとって，エネルギーのソリューション全般，例えばシステムや導管の維持管理，保安点検の体制やノウハウも強力な武器となるため，営業以外の社員の専門性や意欲を高め，優秀な人材を引きつけることは欠かせない。しかし，営業成績主体の評価では，会社の戦略に合致した多様な人材を適切に処遇することは難しい。

　このため，新制度では主要な職種を「営業」，「保安」，「企画・管理」の3区分にし，それぞれ期待する役割を定義している（**図表5－4**）。役割の難易度や貢献度に応じて等級を設定し，役割等級に応じた評価基準を設定。これまでは等級の基準があいまいだったことから年功序列的な昇格になりがちであったが，これを改善している。何を求められ，何をすれば報いられるか，努力の方向性が示されることにより，自律的にキャリアを考え，自己研鑽を積もうとする社員が増えつつあるそうだ。

　さて，ニチガスの等級の枠組みにおいて特筆すべきは，「営業事務」の扱いである。営業拠点において，1～2人態勢で営業のサポート，伝票処理，電話

図表5－4　役割等級体系

等級の区分	役割の区分				
	営業		保安		企画・管理
	ゼネラリスト	新規専任			
執行役員 / 部長	【部長～執行役員】支店長の補佐 営業所の支援・指導		保安推進マネジメント：【部長～執行役員】中長期的な全体保安体制の維持・向上		戦略・改革マネージャー：【部長～執行役員】中長期戦略立案・実施 業務全般の改革
上席課長 上席所長 / 課長・所長	【営業所長】営業所のエリアと人材のマネジメント	新規専任課長	保安推進マネジメント：【保安課長】保安推進実務責任者		実務運営責任者：【課長】業務運営と部下育成の責任者
係長	営業所のエース（後輩指導）	新規専任係長	保安・点検員：チームリーダー	保安推進担当：実務リーダー	実務担当：実務リーダー
主任	実務担当者Ⅱ	新規専任主任	実務担当者Ⅱ	実務担当者Ⅱ	実務担当者Ⅱ
一般	実務担当者Ⅰ		実務担当者Ⅰ	実務担当者Ⅰ	実務担当者Ⅰ

（出所）「人事制度ハンドブック」（日本瓦斯社内資料，2015年度版）

応対，来客対応，その他事務所の庶務全般を担う職種である。

　再びニチガスを少し離れ，昨今の「事務職」の状況を見てみよう。かつて事務職は結婚や出産を機に退職する社員が多かったため，勤続10年に満たない若い女性社員中心の職種でもあった。しかし，2000年代以降，女性活躍が叫ばれ，育児関連の法令が整備される過程で状況は一変。業務の心理的・物理的な負担が営業に比して少なく，子育てと両立しやすいこともあって勤続年数が長い正社員事務職が増えている。

　もちろん，そのこと自体は悪いことではないが，年齢給を採る企業においてベテラン事務職の年収が若手のトップ営業社員を大幅に上回るような状況が生じている。ベテラン事務職が営業所長を戦略的に補佐したり，営業と事務を兼務する役割を果たしたりして業績に貢献するような職種に変化を遂げているのであれば納得感もあるが，主たる業務は代替可能な反復定型業務と営業所の庶務全般である。そもそも年齢給は，配偶者と子供を扶養している総合職男性正社員という「一家の大黒柱に必要な生計費」をベースに設計されており，長期勤続する女性事務職を織り込んでいない。ただし，総合職であれば，年齢とと

第5章 「ICTとヒトの力」を基盤に進化する業界の異端児──日本瓦斯株式会社（ニチガス） 173

もに責任や収益貢献大がきい役割に変化していくため，年齢給には一定の合理性がある。しかし，事務職の働き方が変化したにもかかわらず，年齢に軸を置いた処遇の仕組みを変えずに温存してきた結果，女性事務職の報酬が男性に準じた傾きで上昇し，業務と報酬がアンバランスとなっているのである。このような問題を抱えている企業は多い。

　さて，再びニチガスに目を転じよう。60以上の営業拠点を抱えており，60〜100名の規模で営業事務がいたとするならば，職群を追加して役割定義をしても違和感はない。しかし，ニチガスの答えは「不要」であった。人事管掌専務（2014年当時）の小池氏は，筆者の問いに対し次のように即答している。

　「うちはICTやクラウドでシステム化を進めていて，営業社員が専用端末で事務手続きを完了させています。今でも数人の営業事務を置いている支店もありますが，営業事務職はいずれ不要になります。制度設計で考える必要はありません」

　2019年を迎え，AIやシステムの開発，RPAなどシステムによる業務効率や事務集約のニュースを見ない日はない状況となっているが，事務職のあり方を変えようとする動きはわずかだ。2014年の段階で，事務職不要論を掲げたエピソードは，ICTを強みとしているニチガスが，戦略と人材のあり方を一貫させている象徴的な事例の1つであるといえよう。

　事務職不要論であるからといって，ニチガスが女性活躍できない会社ではないことは強調しておきたい。ICT化により反復定型業務をなくし，女性に対して，やりがいのある付加価値の高い業務と高い報酬が得られる仕事の機会を提供しているのだ。そもそも，付加価値の低い仕事をさせながらも，年数を重ねたことを理由に報酬を上げることが真の女性活躍ではないはずだ。初の女性執行役員となった岩崎氏もプロパー社員として入社し，事務職を経て，徐々に責任ある職務を経験して現在の役職に就いている。彼女だけが特別なのではなく，実力と意欲があれば性別に関係なく登用されるのはニチガスの文化だ。かつては男性中心であった営業職の中にも，活躍する女性が増えている。ニチガスの女性活躍は今後ますます進むであろう。

　さて，改めて役割区分を見ると，「営業」，「保安」，「企画・管理」の3つで

ある。ICTを強みとするニチガスで，ICT人材を処遇する区分がないことに違和感を覚えるかもしれない。2015年の人事制度導入時点では，枠組みを設けるほどのICT人材がおらず，制度としては「企画・管理」の枠組みで処遇している。

当時を振り返って，渡辺常務（2017年当時）は次のように話す。

「実はICT人材を採用するための母集団形成のノウハウもなくて，候補者のスキルや経験をどう判断していいかわからなかったんです。戦略に関わりますから，真にICTの経験と実力を兼ね備えた人材を採用しなくてはなりません。妥協はできませんでした」

その後，2016年に業務提携したメタップスの力を借りて，ICTのスペシャリスト人材を正社員雇用することに道筋がつき，状況は一変している。ニチガスにおけるICT人材の扱いは，プラットフォーマーとして進化を遂げるための新たな改革の一環として行われているため，後段で触れていきたい。

② 営業所長，営業社員のあるべき姿

さて，再び話を営業社員，営業所長に戻したい。ニチガスとしての実現性ある新しいプレイングマネジャー像を示す必要があった。

このような「あるべき人材像」をデザインするときに起こりがちなのが，「社内に1人もいないようなスーパーマン」「完璧な理想像」をつくり上げてしまうことである。完璧な人材像を示して，全員が完璧に近づいてくれれば良いが，あまりに現実とかけ離れてしまうと形骸化してしまう。「完璧な理想像」が中途半端な運用になるのであれば，不完全であってもできるだけ完全に運用されるような「現実的で身近な姿」を示したほうが，組織とヒトに確実な変化をもたらす。ニチガスにおいても，あるべきプレイングマネジャーへの確実な一歩を踏み出すために，人材や組織運営のマネジメントにおいて最低限遂行してほしい行動を絞り込んだ。

従来，プレイングマネジャーである営業所長の評価は，個人と組織の成果目標のみであった。成果評価は，成長の原動力となるため新制度でも維持し，最低限の定性目標を加えることとしている。目先の数値目標だけに走らぬよう拠

点を俯瞰して分析し戦略を立てる「エリアマーケティング」，既存顧客のフォローの肝となる「クレーム対応」に「組織マネジメント」，「報告・連絡・相談」「人材育成」，「労務管理」，「コンプライアンス」と併せた7項目である。

　営業社員についても「自分の数値さえ上げればよい」という発想から脱してもらうため「周囲との連係」，既存顧客のフォローを評価する「顧客との関係構築」などの定性評価基準を置いた（**図表5－5**）。

　評価基準によって，プレイングマネジャーと営業社員に目指してほしい方向性を示すことができた。しかし，評価そのものだけでは動機づけが難しく，報酬との連動ルールの設計が行動変化の肝となる。営業の醍醐味は成果によって評価され，メリハリの利いた報酬を得られることにある。営業所長も営業所の成績が上がれば高い報酬を得られるべきであるし，そうでなければ負担感の多い職務のモチベーションは維持しにくい。人事制度改革により成果と評価の連動が弱まって，営業の勢いとやる気を削いでは本末転倒だ。

　このジレンマを解決するため，賞与は業績，昇給と昇格は業績・能力（管理職は情意を対象外としている）を総合的に判断するルールを定めている（**図表5－6**）。プレイヤーもマネジャーもできる超優秀者だけではなく，個々の強み，弱みがあったとしても，会社に貢献しているのであれば，その貢献の特性に応じて適切に報いる。完璧ではない人材を切り捨ててしまうのではなく，どちらに対しても説明可能なやり方で評価したのである。

　以下，マネジャーとプレイヤーに軸足を置く2タイプで比較してみよう。

　　タイプ1）プレイヤーに専念して業績を上げているが，部下や組織を顧み
　　　　　　ない管理職：賞与は高いが，昇格の可能性は低い

　　タイプ2）業績は中程度だが，組織マネジメントや部下育成をしている管
　　　　　　理職：賞与は中程度だが，昇格させる

　短期的な成果を上げるタイプ1は，従来型のプレイヤー専念型。会社の成長のエンジンとなるが組織力を低下させてしまうため，昇格により高い役位を与えて影響力を強めることにリスクが伴う。高い業績貢献はその期限りの賞与で精算し，将来に影響を及ぼす昇格で引っ張ることはしない。

　タイプ2の管理職は，部下を育てることで，効率的な運用や持続的な安定収

図表 5 − 5　評価要素

営業

		部長	上席所長	営業所長	係長	主任	一般
	要素数	8	9	9	11	11	11
（成果とプロセス）業績	組織目標【定量・期初設定】	●	●	●			
	個人目棍【定量・期初設定】		●	●	●	●	●
	組殱マネジメント	●	●	●			
	周囲との連係				●	●	●
	育成　人材育成	●	●	●			
	後輩指導				●	●	
（発揮された業務遂行能力）能力	営業活動　マーケティング	●	●	●			
	活動計画の立案・実行				●	●	●
	プロモーション活動				●	●	●
	顧客対応　誠実なクレーム対応・再発防止	●	●	●			
	顧客との関係構築				●	●	●
	ビジネスマナー						●
	報告・連絡・相談	●	●	●	●	●	●
	知識　専門知識						
	業務遂行知識・資格取得				●	●	●
	基礎スキル						
	労務管理	●	●	●			
	コンプライアンス	●	●	●			
意欲（姿勢・）情意	責任性				●	●	●
	規律性（コンプライアンス）				●	●	●
	チャレンジ姿勢				●	●	●

（出所）「人事制度ハンドブック」（日本瓦斯社内資料，2015年度版）

益につなげているが，成果につながるまでには時間を要するため成長の起爆剤にはなりにくい。一方，組織を消耗させない運営は，長期的に見て会社に良い影響をもたらす。賞与は中程度とし，より影響力の高い上級管理職や経営幹部候補生として引き上げていく。

　評価と報酬は，良い方向，悪い方向いずれであっても社員の行動に影響を及ぼす。意図する方向に変化を促すには，社員が受ける印象，実際に起こりそう

第5章 「ICTとヒトの力」を基盤に進化する業界の異端児——日本瓦斯株式会社（ニチガス）　177

図表5－6　評価と処遇の関連

評価項目	評価の処遇への反映

役割等級定義

人事評価結果
報酬制度

業績
→ 業績評価結果（年2回） → 賞与 ⇒ 短期的貢献の反映

能力
→ 総合評価結果（年1回） → 役割給

情意

等級制度
中長期的な成長の反映

複数年の結果
昇格試験等 → 昇格
（降格）

（出所）「人事制度ハンドブック」（日本瓦斯社内資料，2015年度版）

　な運用のエラーや行動を具体的にシミュレーションして織り込むことが求められる。この点は，ニチガスにおいて特に議論を重ねた。

　制度と現場の方向性や価値観がかい離しすぎてしまうと，現場では制度をないがしろにする動きが生じてしまう。適切に評価をつけた結果，業績結果が報酬に反映されなくなると，結果から逆算して事実とかけ離れた評価をつけてしまう。例えば，高業績の社員の報酬を上げるために，定性評価をすべて無条件に高くしてしまうような状態である。「逆算化傾向」と呼ばれる評価エラーの1つであるが，これでは積み上げた制度設計が水の泡と化してしまう。評価エラーを誘発してしまうような設計はできるだけ避けなくてはならない。

　その反面，現場の価値観を追認するだけでは，制度改革の意味が失われてしまう。現場の意識や行動に変化を生み出しながら，確実に機能する制度をつくり上げるには，「会社の方向性」，「あるべき論」と「経営者の価値観」，「現場の感覚」をすり合わせて着地させることが求められる。人事制度設計の難しさでもあり，醍醐味ともいえよう。他社事例をそのまま導入して失敗する理由は

この点にある。

　さて，ストックビジネスが基盤のニチガスにおいて，「過去の貢献」への評価も整理すべき論点であった。この点は，「営業成績の貢献はその期の賞与，等級と基本給は現在の役割」という方針を打ち出した。過去に成果を上げ，ニチガスの今日の基礎を築いた者であっても，現在の働きに比して過剰な基本給や賞与を支給しないこととした。この方針に沿って，過去の貢献，年功序列を守るために温存してきた「副所長」という"名ばかり管理職"の等級を廃止するという思い切った判断をしている。一方で，既存フォローをきめ細かく行い，後進指導をしたりする役割を果たしていれば，基本給は年々上がっていく設計（上限あり）とし，年齢や勤続年数を完全に否定しない安心感を残している。

③　評価基準を絵に描いた餅にしない

　評価基準や報酬制度をつくることは，決して難しいものではない。前述のとおり，何よりも難しいのは運用である。ニチガスでは，長年，業績数値と上司の印象によって賞与額と昇給額を決めることが「評価」とみなされていた。このため，行動やプロセスを評価することや定性評価に照らし合わせて絶対評価をすることになじみの薄い管理職も多かった。確実な運用を促すためには，難しい基準ではなく，できるだけ平易で感覚的に公正な判断ができる基準を設けることが求められていた。そこで，評価基準や表現に工夫を加えた。

　該当する等級の評価基準と被評価者の行動を比較し，基準を満たせば「Ｂ：期待どおり」，上回れば「Ａ：期待以上」などの評価ランクをつける"レーティング方式"が一般的である。しかし，評価慣れしていない人にとって「期待以上」は何かを判断することは難しく，実は難易度が高い方式だ。また，何をすれば「期待以上」となるか目線が合っていないと，「期待以上」が乱発されたり，好き嫌い・印象評価に陥ってしまったりする。この課題をクリアするため，行動をベースとして最も近い行動ランクを選択する"行動アンカー方式"を取り入れた。行動アンカー方式は，評価をつけやすいだけではなく，被評価者に対する説明も行いやすい。

　「営業一般クラス」への行動アンカー方式を用いた上司から部下へのフィー

― 第5章 「ICTとヒトの力」を基盤に進化する業界の異端児――日本瓦斯株式会社（ニチガス）　179

図表 5 ─ 7　行動アンカー：営業一般クラスの一部抜粋

評価ランク	L3（卓越している）	L2（期待レベル）	L1（一部期待を下回る）	L0（指導が必要）
組織運営 （周囲との連係）	・同僚や後輩のクレームやトラブルであっても，上司から指示を受けた対応は，放置したりせず，自分事として対応していた ・支援が必要なことは，上司に伝えていた	・指示された業務は，不満を述べたりせず快く引き受けていた ・わからないことは放置せず，周囲に確認していた	・指示された業務についてわからないことがあっても，周囲に確認せずそのまま放置しておくことが見受けられた ・手間がかかる作業は後回しにしたり，不満そうに作業をしていた	・指示された業務を遂行しないことが多く見られた
営業活動Ⅰ （個人の活動計画と実行）	・割り当てられた営業予算を達成するため，エリアの状況を分析し，行動計画を立てていた ・想定外の事象が生じても，計画を柔軟に変更して対応していた	・担当しているエリアの顧客の特徴・件数，加入率を把握している ・指示された手順に従って，時間配分や必要な準備を行なっていた	・指示された（教えられた）業務は実行したが，一つ一つの動作にミスがないか上席者のチェックが必要だった	・個人の活動計画の実行に上席者がつきっきりでサポートする必要があった

（出所）「人事制度ハンドブック」（日本瓦斯社内資料，2015年度版）

ドバック例を見てみよう（**図表 5 ─ 7**）。このクラスは，新卒が最初に格付けされるものである。

　「「周囲との連係」はL1のレベルですね。わからない作業を後回しにすることもよくありました。また，先日も先輩の指示に不満そうな態度をとっていましたね。来期からは，このようなことがないよう，快く仲間に協力してください」

　「「個人の活動計画と実行」はL3ですね。エリアのことも良くわかっていましたし，年末の繁忙期を見据えて，閑散期から計画的に行動していました。引

き続きこの調子でお願いします」

　基準が行動をベースにしているため，部下の行動に照らして具体的に褒めたり指導したりしやすい。不慣れな管理職であっても，シートに沿っていけば，フィードバック面談を一定のレベルで実施することができ，部下の承認欲求を満たすこともできる。マニュアルやチェックシートを展開してフィードバックの質を上げることも有効だが，基準のつくり方次第で自然と意図した行動に誘導することも可能である。

　モチベーションは，高い評価や見え透いたお世辞により上がるものではない。例えば，「業績が良かったから，他の項目も全部高く評価をつけておいたよ」は部下から信頼されない。賞与の額面を見た瞬間「嬉しい」と思ったとしても，業績が下がった途端，大幅に下げられるのではないかという不安感や制度への不信感を抱く。被評価者に関心をもって観察し，具体的で適切な理由と解決の方向性を真摯な姿勢で示してさえいれば，たとえ低い評価でもモチベーションは上がるものだ。

　新制度導入時には全管理職を対象に評価者研修を行い，評価者への意識づけ，理解を徹底させていった。評価者研修については，今でも新任管理職に受講を義務づけており，新制度導入から4年経過した今もなお管理職全員が受講済みの状況を維持している。

　さて，その後の評価の運用はどうであったか。尾作取締役は胸を張る。

　「昔ながらの営業管理職のイメージが強い上級管理職の一部には，プレイヤーに軸足を置く管理職を評価したい人はまだいると思います。しかし，若い営業所長たちはもともとマネジャーに脱皮したい思いはもっていましたから，会社にとってのあるべきプレイングマネジャー像をわかりやすく示したことは歓迎されていると思います。時間はかかっていますが，評価に対する意識も運用も着実に変化しています」

　一方，人事課長の澤田氏は，今後の課題と目標について次のように話す。

　「以前から優秀な営業所長は効率的な運営をしていますし，若手のケアもしっかりしていましたから部下の離職率も低かったと思います。感覚として，離職率とマネジメント力には相関があると思いますが，データで論理的に示し

きれていませんでした。これからは，人事としてデータを分析したりモニタリングすることで，組織マネジメントに関する離職率や効率性などの指標をもうけ，営業所長を評価していくことも必要だと感じています」

7 ニチガスの成長と働き方改革の原動力
—業務効率化—

(1) 本社移転を機としたペーパレスの徹底—本部業務効率化

　さて，ニチガスが規模を拡大させているのは，戦略の巧みさ，ICTやマーケティングによるものだけではない。効率化を追求し，無駄を徹底的に排除したからこその「価格競争力」にある。組織内で効率性に対する意識はもともと高かったこと，良い取り組み，すぐにできることはすぐやる，という風土が相まって，働き方改革に資する業務効率化も人事制度と並行して進んでいった。働き方に関わる特徴的な3つの取り組みをご紹介しよう。

　2015年11月に，本社を東京都中央区八丁堀から渋谷区代々木に移転している。八丁堀のオフィスが立ち上がった頃から契約件数は1.6倍に増加しており，社員数も増加していたことから旧来の本社は手狭になっていた。また，物流・工事・システム部門の拠点が散在しており，意思決定やコミュニケーションのネックとなっていた。

　本社移転を単なる「拠点集約」や「快適な環境の提供」に終わらせないのがニチガスだ。同時に，データクラウド化による徹底的なペーパレスを実行している。移転前にも「新オフィスは，ペーパレス」が通知されていたが，書類を捨てきれず荷造りしたくなるのが人情だ。ところが，移転先のオフィスに用意されているのはモバイル端末とデスクのみであり，社員には棚や引き出しが一切割り当てられない。帰社時には「机の上にはモバイル端末以外置いてはいけない」というルールも周知されたが，どの部署でも机上に山のような書類が積み上がっている状態であった。

　ところが，移転から1ヵ月ほどたったある日の朝，本社に激震が起こる。

　デスクに置いて帰った書類が，管理職から一般職のものまですべて廃棄されていたのだ。オフィス移転の陣頭指揮を執った中山副社長（2015年当時）は笑う。

第5章 「ICTとヒトの力」を基盤に進化する業界の異端児——日本瓦斯株式会社（ニチガス）　**183**

「打ち合わせの数も報告を受ける資料の量も一番多くて，社歴も一番長い私がペーパレスを実行できたんですよ。社員ができないって，おかしいでしょう。言っても聞かないから，捨ててしまいました。ペーパレスが言葉だけではなく，本気だと受け止めてもらわないと」

その後，徐々にではあるが書類は削減されている。だが，ニチガスにとってペーパレスは紙をなくすことそのものが目的ではない。出力する，ファイルをする，ファイルを探す，紙であるがゆえの作業がなくなっただけでも効率化の成果として大きいが，それでだけではない。尾作取締役は，「実際にペーパレスを進めてみると，業務効率化や業務の質の向上がすごい勢いで進みました」と話す。

大量採用を通年実施しているニチガスにおいては，入社受入の業務処理も重い負担となる。入社時に社員全員から提出される17種類に及ぶ書類処理は，社内便で現物を送ってもらい担当者がすべてチェック，不足資料は本人に追加依頼して，処理後は社内便で返却するというフローであった。ペーパレス化にあたってフローも見直し，すべての必要書類を入社する社員本人に画像データに変換してもらい，社外クラウド上の登録まで済ませてもらうこととした。書類の過不足もクラウドの登録時点で確認できるため，追加で確認したり，リクエストしたりする作業に追われることがなくなった。結果，採用人数が過去5年で倍増しているにもかかわらず，採用担当者数を増やすことなく対応できている。

情報をデータクラウド化したことによる業務効率化と脱属人化も進んでいる。かつてファイルしてキャビネットに保管したり個人が持っていたりして，どこに何があるかわからず埋もれがちだった情報が，手軽に・誰でも・すぐにアクセスできるようになった。人事業務は，ヒトに関わることであるがゆえに法令に遵守した対応，一貫性ある慎重な対応が求められることが多い。このため，情報を共有化することで，担当者が変わっても同じ対応ができるようになったことは大きな意味をもつ。1人が幅広い業務を担当できるようになり，お互いをカバーできる体制が整った結果，業務効率化も相まって有給休暇が取りやすい状況をもたらすに至っている。

ペーパレスを起点とした業務効率化は，データクラウド化によって進化した。今は，さらなる効率化を実現するにはどうすればよいか，ミスが多い業務，付加価値の低い無駄な業務をどのように排除するか，意識や目線をさらに高めている。

東証一部に上場している同規模の本部組織でも，ここまで高いレベルの業務効率化をスピード感をもって推進している企業は決して多くはない。ところが尾作氏は，「自分たちとしては頑張っていると思うのですが，進化のスピードが速い我が社の中では『そのくらいの成果は当たり前だ』と言われてしまいます」と苦笑いする。

ニチガス本社の業務効率化はまだまだ終わらない。

(2) コールセンターの設置

ICTが進んだとしても，ヒトとヒトのつながりを重視する同社において，営業の最前線に期待される役割が大きいことはこれまで述べてきた。土日の週休二日が主流になっている昨今，緊急対応やお問い合わせに対応するための土曜出勤や宿直対応は，社員にとって負担になると同時に，入社辞退や退職の要因となっていた。2014年当時も課題認識され，コールセンターを立ち上げてお問い合わせや緊急対応を一元化することは，1つの方向性として検討が進んでいた。しかし，具体的な話は打ち出されずに時間が経っていた。スピード重視，営業重視のニチガスとしては異例ともいえる状況であった。

その後，満を持して2018年1月，U-NEXTマーケティングが提供する『AIコンシェルジュ』を活用した電話受付対応の自動化を開始している。人による従来型のコールセンターではなく，AIを活用した対応の自動化を目指し，期間をかけて協働するパートナーを探し，開発してきたのだ。今後は，プラットフォームへの実装も検討していくという[3]。

エネルギーの小売りを極めて行くのであれば，意思決定の速いニチガスはすぐにでも人が対応するコールセンターを立ち上げていただろう。しかし，プ

---

3 「ニチガス＆U-NEXTマーケティング　エネルギー業界初！AIコンシェルジュを活用し，電話による開栓受付を自動化！」（2018年1月9日　日本瓦斯株式会社プレスリリース）

ラットフォーマーを目指すニチガスにとって，エネルギー事業に必要でありながら自社でしか展開しえない高コストのコールセンターには魅力を感じなかったのだ。AIコンシェルジュに至るまでの期間は，今後の成長，目指すべき姿を実現するためには必要なアイドリング期間であったといえよう。

　同時期に従来型の人が対応するコールセンターも立ち上げており，全社的な宿直業務は2017年12月をもって廃止している。これ以外にも多くの営業業務に関してICTによる効率化が進み，長年の念願であった完全週休二日制が2019年4月より実現されることとなった。併せて，有給休暇の取得率も他社並みに改善されつつある。

8 | プロジェクトでヒトを育てる

　さて，ニチガスでは2014年から2016年にかけ，グループ全体の人事制度改革のプロジェクトを行っている。人事制度の改革プロジェクトを行う際，プロジェクトメンバーの人選には各社で違いがある。最も多いのは，担当取締役，部長のみが参加し，実務に落とし込む段階で給与や評価などの担当課長が合流するパターンである。実務に忙殺されている担当者を打ち合わせで長い時間拘束できない，意思決定しないメンバーを参加させる意味がないというのがその理由だ。

　しかし，ニチガスは管理部門管掌の副社長を筆頭に，専務取締役，人事担当取締役，人事部長，人事担当部長など常に5名以上の大所帯でディスカッションを行っていた。主な議論は取締役以上が中心で，方向性は副社長がその場で判断する。部長や担当部長も必要に応じてコメントをしながら，取締役が何を思い，どのような理由で意思決定をするかプロセスを現場で体感していた。

　当時，尾作取締役は人事部長，岩崎執行役員は人事担当部長として参加している。当プロジェクトの中核を担った副社長以下の3人の取締役は，2018年の時点で全員退任している。ネガティブな理由ではなく，プラットフォーマーへ進化を遂げるための世代交代，ガバナンス改革の一環としての決断である。人事制度の検討プロセス（課題認識，ディスカッション，決断，最終化）の現場に，次世代を担うリーダーたちを同席させることによって，制度に込められた思い，判断の裏側をすべて引き継いでいたのだ。意思決定の中心にいた役員が退任した後も，人事制度に込められた魂は，制度を進化させながら確実に受け継がれている。

　検討のプロセスで特徴的だったのは，メンバー編成もさることながら，ブレない軸，即断即決，即実行であった。プロジェクトの判断軸は，「自由化に向けてもっと社員が頑張れる，わかりやすい仕組み」であった。先に見た制度の2本柱も，この軸がベースとなっている。上場企業の人事制度改革の軸として，

格調高くはないかもしれないが，判断に迷ったときにはこの言葉に照らして検討を進めた。シンプルな分，覚えやすい。例えば，位置づけが不明瞭でサービス残業の温床となっていた営業手当も，課題認識したその1ヵ月後には，適法性が高いものに改定して展開。全体の制度設計は途中の段階であったが，「早くできることは早くする」というスタンスによるものだ。

リーダーに求める即断即決，レベルの高さは今でも変わらない。岩崎氏は「毎週金曜日の朝，経営企画本部の責任者で行う会議があります。専務，常務，取締役等の役員も出席する管理部門の連絡会議ですが，その中での発言は1人5分と決められています。質問は鋭く，緊張感がありますが，毎回鍛えられていると感じます」と語る。

子会社の東日本瓦斯出身で人事課長の澤田氏は，次のように話す。

「今はグループ全体の人事を見る立場にあります。子会社時代とは見える世界が違い，面白さを感じています。長年，実務の運営に携わってきたので，異動してきた当初は実務の視点のみで課題を分析したり，何かあれば対症療法することに目が行ってしまいがちでした。上司にも鍛えていただく中で，全体を見てロジカルに考え，整理するスキルが自然と備わってきました」

澤田氏は，改革プロジェクトの途中で本社に異動し，最年少メンバーとして抜擢されている。ニチガスの人事制度が完成した後，子会社に同様の制度を導入するフェーズで中心的な役割を果たした。2013年当時，ニチガスグループ全社社員を対象に優秀者インタビューを行っている。多くが自らの言葉で自社の現状と課題，業務を語れる人材であり，澤田氏もその1人であった。「人材開発部」と看板を掲げる組織やグループの人事データベースがない（2012年当時）状況であったものの，1,000人を超えるグループ全体に人材の目利き力が行き届いていることを実感した例でもある。

人材育成の専門組織や担当者を置いたり，体系的な研修制度や育成の仕組み・ルールを可視化していなかったりすると，「行っていない」，「力を入れていない」と見られがちだ。ところが，人材育成は，業務の配分や日々の指導において行われるOJT（On the job training）が重要な意味をもつ。人材を見極めて抜擢し，上司と部下の日々の対話，仕事の過程で育てることが柱となる。

集合研修やe-learningなどがあっても，あくまでもOJTを補足するものにすぎない。「アジャイル人事」，「One on Oneミーティング」など人材に関する流行ワードはあるが，日々の業務に関する具体的な対話を細やかに行うことで人を育てるという基本は同じである。ニチガスの経営陣や間接部門においては，派手な看板を掲げずとも，ヒトとヒトとの関係性の中で，人材の育成が計画的になされ，ヒトが変わりゆく中でも脈々と受け継がれてきたといえよう。

9 役員自ら改革しなければ，社員がついてこない

　2015年に実施した役員報酬の見直しは，ニチガスを象徴する大改革である。この検討は，人事制度改革と並行して進められた。改革前は，役員退職慰労金があり役員報酬と業績との連動が弱いなど，業界の異端児らしくない保守的な制度が温存されていた。

　改革の中心となった中山副社長（当時）は，「社員に対しては『成果を上げたら高いインセンティブ』を支給しますとか言っているのに，役員がこれじゃ社員がついてこないでしょう」と述べている。

　2015年に打ち出された主な改革は以下である

　　1．役員基本報酬に業績連動報酬制度を導入
　　2．役員への株式報酬制度（信託報酬）を導入
　　3．役員退職慰労金制度の廃止
　　4．社外取締役2名の選任
　　5．顧問制度の廃止

　導入後に小池専務（当時）も「特に役員報酬の改革により，業績と企業価値の向上に対するコミットが明確化し，役員全体が強い緊張感をもつに至った」と胸を張っている。

　当時，役員退職慰労金の廃止が進み，株式報酬や業績連動報酬の思想も広がり始めた時期だ。時流を捉えたうえで然るべき改革を断行し，2017年の自由化に向けて弾みをつける契機となった。

　顧問制度の廃止についても言及したい。他社の例に違わず，ニチガスも役付き取締役が退任したのち顧問として残ることが習慣化していた。今でこそ，顧問の有無や（顧問の）報酬の有無など開示対象となってきたが，当時はまだ問題視され始めた程度で，廃止を決める企業は多くなかった。まさに身を切る改革であり，顧問として残ることを前提にライフプランを描いていた役員から反発も予想されたが，有無を言わせない策で断行している。

それは，役員報酬と人事制度改革の中心となった中山副社長（当時）自身が，導入と同時に退任し，顧問としても残ることなく，完全に組織から身を引くというものである。この改革と自身の身の処し方を対象役員に説明した際，若い取締役は冷静であったが，齢を重ねた役員が青ざめ，場が凍りついたという。自らの去就をかけ，改革を成し遂げたのだ。

　自由化を控え，本気で戦わなくてはならない状況で，過去の論功行賞をしている余裕はない。間接部門を率いてニチガスを裏から支え続けた人事管掌取締役の小池専務，渡辺常務も2018年6月の株主総会で退任している。自由化を迎え，プラットフォーマーとしての進化を支える役割を尾作取締役に引き継いで去って行った。

10 そして新たなステージへ

(1) 人材の多様化への対応

　ニチガスはこのようにして2014年以降，営業のヒトを中心とした制度・仕組みをつくり，働き方改革も進めてきた。渡辺常務（当時）は，2015年の人事制度改革時の制度説明会において次のように述べている。

　「人事制度が100％完璧であることはありえません。上手くいかないものはすぐに改善して，より良いものにしていきたいたいと考えています。そのためにも皆さんの声をどんどん聞かせてください。」

　その言葉を真摯に貫き，制度の根幹を揺るがすことなく，ニチガスの成長に合わせてスピーディに仕組みを追加したり，変更したりしていった。そして制度が軌道に乗ったのを見届け，潔く後進に道を譲っていった。

　2018年からは，新体制の下で「当社の強みである人の力を最大化すること」を人事部のミッションとし，次の3点に力を入れているという。

　　1　人材多様化への対応
　　2　社内外への発信
　　3　働き方改革の取り組み

　前回の改革から最も大きく変わっているのは，プラットフォーマーを目指す過程での人材の多様化であり，ICTのプロフェッショナル採用に道筋がついた点である。

　営業とICT人材では求めるスキル，報酬水準・報酬を決める拠りどころは異なる。例えば，営業が成果に対して報酬を提示する一方，ICT人材はそのスキルに対して報酬を提示することとなる。IT企業では，AIなどの高度な専門知識がある者であれば，新入社員であっても破格の初任給を提示している。また，フラットな組織，カジュアルで洒落たオフィス，時間や場所にとらわれない自由な働き方の選択肢など，「いまどき」の環境を用意して人材を引き付け，囲

い込んでいる。社歴が浅い分，古い制度や既得権益者を意識することなく，今必要な人材に訴求する仕組みを柔軟に整えやすい。人材獲得で競合する他社が最適な条件を繰り出す以上，既存社員や既存の主力事業との横並びを意識していては，魅力的な人材を引き付けることはおぼつかないだろう。

ニチガスにおいても，ICT人材と営業中心の人材とはあまりにも異なるため，無理に既存の体系に合わせず，年俸制を取り入れるなど柔軟に対処できる別の体系を用意している。

尾作氏は就任当初，「我々はとにかくスピードを重視してきたので，（2015年の）人事制度完成後に追加された制度や仕組みは，どれも点でしかなく全体の整合がなくなってしまいました。」と悩みを吐露していた。

ところが，3ヵ月後にお会いするとすがすがしい顔で，「全体の整合や1つの仕組みで運用しようと思わないようになりました。現場のニーズと動きに合わせて，スピーディに対応することを重視しています」と話す。

人材の多様性が高まるにつれ，制度も多様化を迫られる。制度の整合を重視するか，戦略や人材のニーズを重視するか。前者は人事部の都合でしかなく，本来の人事部の役割を果たそうとするのであれば，後者にシフトすべきであろう。ビジネスモデルが猛烈な勢いで変化する過程で，人材も多様性も大きく変化している。ヒトを引き付け，モチベートし，力を最大限に引き出すには，多様性を包含しながら適応し続けなくては，組織の衰退は免れないであろう。

一方，人材と制度の多様性を高めていくからこそ，ビジョンやマインドにより組織を束ねていくことが求められる。束ねる軸がなければ烏合の衆となり，組織の力に昇華することは難しくなる。ニチガスでは「挑戦者マインド」を1人ひとりが持ち続けることを強く意識している。特に幹部に対しては「攻めの姿勢をもち，適切なリスク判断を行う人材」であることを強く求めている。もちろん一朝一夕に身につくものではないため，次世代の経営人材に対しては，難しい役割を任せて育てるOJTやOff-JTを有機的に組み合わせて習得させている。さらに，新卒や中途採用の段階から，変化に対して柔軟に対応でき，成長意欲が高いことを重視しているという。

(2) 社内外への発信

　「規制業界の異端児」から，投資家も注目する企業に変遷を遂げ，ステージが変わる中で意識は変わりつつある。「投資家に対しても我々の取り組みをしっかり伝えていきたい」と尾作氏は話す。持続的な成長のためには人的資源に対する投資が不可欠であり，非財務情報ながら注目されている。投資家や社外取締役からも，人材開発に関する質問や指摘が増えているそうだ。前述のとおり，2014年度から制度改革を含めさまざまな取り組みをしているが，「人事は何をしているか，見えにくい」という反応を受けるのが目下の悩みの種である。

　ニチガス自体がガバナンス改革の一環で，社外取締役を増やしていることも大きい。これまでは，ヒトとヒトのつながりで人材開発を進めて「言わなくてもわかる」ことが通じたが，社外取締役にとっては「体系立てて説明できない＝取り組んでいない」と映ってしまう。戦略と一貫した取り組みを行ってきたとしても，1つひとつの施策を「行っています」といって束にしただけでは，真意や深さは伝わらない。全体として一貫性あるストーリーとなっていなければ訴求力が弱まってしまう。尾作氏も，「実行力はあるので，それをうまく伝える力をつけていきたいです」と語る。

　社外だけではなく，社員への情報発信も同様だ。制度や働き方（詳細は後述）の取り組みは確実に進んでいるため，体系的な整理をしながら社内説明を進めている。しかし，人材開発については，残念ながら「人事の中で一番弱い」と受け止められている。もちろん手をこまねいているわけではない。

　特に営業においては入社年次が浅い社員の比率が高まっていることから，新人育成にかかる現場の負担を減らすことは重要な課題だ。

　研修担当部長の真中氏は，「支店や営業所の独自性や裁量を重視する風土もあり，営業の実務研修は人事として一任していました。しかし，最低限の知識や操作方法などの研修は人事も関与し，できるだけ早く戦力として現場に送り出せる体制は取っていきたいです。それだけではなく，私たちの理念を伝えたり，社員間のつながりを強化したりすることで，より高いモチベーションで

日々の業務にあたるサポートをしたいと思っています」と語る。

2019年は個別のプログラムの質を高めるだけではなく，「当社の強みである
ヒトの力を最大化すること」を掲げて，ストーリーとして人材開発を伝えてい
く予定だ。

尾作氏も，「社員にとっては受講案内が来るから参加するのであって，やら
され感があったことは否めません。『研修なんか参加する暇はない』という苦
情も受けることがあったのも事実です。研修の情報は公平に提供しますが，全
員に一律にプログラムを提供するのではなく，意欲のある人に重点的に機会を
与えることを考えています。将来的にはタレントマネジメントシステムを導入
して，より高度で効果的で『これは受けたい』と感じてもらうようなプログラ
ムを継続的に打ち出していきたいです」と抱負を語る。

(3) 働き方改革の取り組み

かつて "ブラック" とまでいわれた働き方は，営業のヒトが離職する要因の
1つにもなっていた。この点については，ICTや業務効率化のみならず，長時
間労働の抑制や所定時間にとらわれない働き方など，柔軟で即効性がある取り
組みを数々打ち出している（**図表5－8**）。

尾作氏は，働き方改革をさらに進化させ，「健康経営」を根づかせていくこ
とが自身の使命だと語る。

「私は部下に『もっと面白い仕事をしようよ』と話しています。データクラ
ウド化や業務効率化だけでは『自分の仕事がなくなるのでは』と社員は不安に
感じてしまいます。新たに取り組んでもらいたい面白い仕事，それが健康経営
です。ヒトを大切にするということは，成果に対して正当な対価を与えること
だけではないはずです。社員1人ひとりの健康や働き方にまで配慮して，自分
たちが大切にされていると感じて初めて，能力が引き出され，組織への愛着が
高まると考えます。人事スタッフとしてこれほどやりがいのある仕事はないと
思っています」

具体的には健康経営優良法人（ホワイト500）の認定を目指して，「働きやす
い，やりがいのある会社」の実現に取り組んでいる。ただ，営業力重視で成長

第5章 「ICTとヒトの力」を基盤に進化する業界の異端児——日本瓦斯株式会社（ニチガス） 195

図表5－8 働き方改革の取り組み実績（2018年度時点）

■①－1 長時間労働の抑制，休日取得の促進を実施

時期		施策	内容
2012年	4月	PC利用時間制限	係長以下PCを毎日20：00に利用不可（アプリ制限）
2015年	4月	労務監査の強化 （営業所・グループ各社）	毎月，監査室合同で，営業所・グループ会社の労務監査実施 管理監督者の労働管理意識改革と，長時間労働の原因調査
	10月	誕生日休暇	社員の誕生日月に，有休取得を促す
2016年	4月	法定休日数　未取得警告	4週4休未取得社員（管理職含む）に，上長含め警告
	5月	深夜残業撲滅 （深夜ロックアウト）	ALSOK警備退館データより，営業所ごと21：00退館者数を毎月公開し，深夜残業を撲滅
	6月	残業時間上限超過 警告メール	勤怠システムより，毎月20日時点で，残業時間30h超社員の上長へ警告メール送信
	6月	人事通達（社内周知） 定例化	年々厳しくなる労働行政指導に基づき社内通達を毎年定例周知
2017年	1月	休日取得率　公開	勤怠システムより，営業所ごとの月次所定休日取得率データを公開
	4月	リフレッシュ休暇	勤続年数（5・10・15・20・25・30）による周年休暇（計画有給5日間）

■②－2 柔軟な働き方の拡充（所定時間にとらわれない働き方）

時期		施策	内容
2017年	2月	テレワーク （在宅ワーク）	主に子育て社員を対象に実施中 また，東京支店社員では，ノートPCによるモバイルワークも
	5月	フレックス勤務	コアタイム11：00－14：00以外は，出退勤時間が自由 親の介護社員が実施中
	8月	完全週休2日制トライアル	月1回の所定出勤土曜日を有休として，土日当番出勤は平日振替休暇。営業所内で交替シフト体制。関東中央支店全営業所，北関東支店・南関東支店（一部）にてトライアル実施中
2018年	7月	シフト勤務	全充填工場勤務社員の工場稼働時間（例えば5：30－14：00，13：00－21：30等）に合わせた月次シフト勤務体制
	7月	変形労働時間勤務	月の所定労働時間内で，事前に始業・終業時間を柔軟にシフト（9：00－15：00，9：00－16：00，9：00－20：00） 本社　経財部にて実施中
	8月	時差出勤	夕方顧客面対率を上げるため，毎日11：00－19：30の時差出勤体制。南関東支店（新都市ガス部門），北関東支店（太田）

（出所）「人事部行動計画2018」（日本瓦斯社内資料）

過程の組織では，インセンティブの与え方などアクセルを踏むための施策に目が行きがちで，「健康経営」に対して共感を得ることは容易ではない。また，一部では「これでは休ませ方改革ではないか」という意見もあるという。ニチガスに限らず人事担当者にとって共通の悩みだろう。

　この点について，尾作氏は「今は将来の成長に向けた勝負時ですから，働き方改革の違和感も理解はできます。ですから，現場のニーズに柔軟に応えることで『人事はしっかり仕事をしている』と信頼してもらうことを何よりも大切にしています。一方で，健康経営も同時に進めていき，徐々に効果を実感してもらおうと考えています。私の任期中に浸透しなかったとしても，この取り組みを布石として，次の世代に引き継いでいきたいです」と語る。

11 最後に―各社での取り組みに向けて―

　ニチガスの事例から学ぶことは多いが，最も際立っているのは「ビジョン，戦略と人事の仕組みが一貫している」，「スピード感をもった対応」，「徹底力」である。

　働き方改革の取り組みは１つの理想型ではないだろうか。各種人事制度の導入だけではなく，根本にある労働時間の課題を"会社の強み"であるICT力で解決したことは，着目すべきだ。多くの企業では「労働時間」の抑制を目的にしがちだが，働き方改革の肝は「業務効率性を高めること」，「多様な人材を活かすこと」にある。ニチガスは目的を見失うことなく業務効率化を推進し，多様なニーズに応えつつ，「空いた時間で何をするか，さらに付加価値を創出できないか」とさらに先を見据えている。「ICTとヒトという強みを最大に活かす」という軸が徹頭徹尾貫かれているからこそ，本質を見失うことなく解決すべき課題にも確実に対処できるのだろう。

　役員制度改革も大胆に成し遂げた。経営に近いほど自らの処遇には甘くなりがちであるが，顧問制度の廃止や厳しい業績連動報酬など，自らの身を切り進退をかけた決断は簡単にできるものではない。究極の徹底力といえよう。

　しかし，ニチガスの個々の取り組みをそのまま他社で導入をしても上手くいかないだろう。これらはすべて，ビジョン・戦略，コアコンピタンス，大切にしている価値観，組織風土などを踏まえ，会社としての意志を込めて形にしたものだからだ。ニチガス以外の企業に必ずしも適合するものではない。しかし，模倣すべきものはある。それが先にあげた「ビジョン，戦略と人事の仕組みが一貫している」，「スピード感をもった対応」，「徹底力」などの「取り組みのスタンス」である。この姿勢で自社を改めて見つめ直し，そして実際にトライアル・アンド・エラーで実践しながら，自社にとっての最善を見つけ出す参考となれば幸いである。

第 **6** 章

「頼れる食のパートナー」が目指す
全員参画の経営
──株式会社久世

　第6章は，「頼れる食のパートナー」を経営理念に掲げる株式会社久世（以下「久世」）の事例を紹介する。久世は業務用食材の卸売業である。
　本事例は現在進行中であるが，どのような課題があり，それに対してどのようなアプローチを進めているかを疑似体験していただければ幸いである。

《会社概要》

本社：東京都豊島区

社長：久世　真也氏

設立：1934年4月

資本金：3億225万円

従業員数：580名（連結　2018年3月末現在）

事業内容：ホテル，会館，レストラン，居酒屋，ファストフード，ケータリング，デリカ・惣菜，機内食等の外食産業向け業務用食材および資材の販売。メニューの提案。食材のカタログ販売

事業所：東京，横浜，大阪，多摩，埼玉，千葉，墨田，目黒，藤沢，名古屋

グループ会社：7社

連結売上高：628億円（2018年3月期実績）

東京証券取引所　JASDAQ市場上場（証券コード：2708）

1 | イントロダクション

(1) 現場のジレンマと制度の限界

社内には,「日常業務を処理する力は誰にも負けない」という自負があった。しかし,現実は厳しく,活動量が収益につながりにくいというジレンマを抱えていた。事業ミッションに「頼れる食のパートナー」を掲げ,顧客のためにと真摯に実践しているがゆえにアイテム数は増加の一途をたどり,物流部門の業務負荷は高まっていった。また,営業が本来あるべき活動に専念するため,あえて「商物分離」を導入しているものの,きめ細かな配送ニーズに応えるべく営業社員も配送の役割を一部担わざるを得ない状況であった。本来,付加価値の高い提案で顧客と対等なパートナーであることを目指しながらも,アイテム数と活動量で顧客の信頼を獲得している状況であり,それ以外の方向性を見いだせず悩む者が増えていた。若手営業社員から「自分は,この先何十年と"御用聞き"として顧客に商品を届け続けるのだろうか」と不安を寄せる声も聞かれていた。

ファミリーレストランや居酒屋などの全国チェーン(以下,「広域チェーン店」という)は,売上高も大きく,他社との競争が激しいことから知識と経験,実績が豊富なエースしか担当できない。かつては,広域チェーン店を担当する者は「営業の花形」とされ,プライドをもって職務にあたる者が多かった。しかし,広域チェーン店は店舗数が多く,全国展開しているがゆえに,欠品やトラブルが起こる頻度や確率も高く,問題が生じたときの影響も大きい。しかも24時間365日営業していることが多く,担当になると気が休まらないという。だからこそ,エースのポジションであるが,働き方改革のご時世,目指したいキャリアゴールではなく,「休めないから行きたくない」という存在になっていた。

さらに,これまでの年功序列,役職登用中心のキャリアパスも限界に達して

いた。優秀者に対しては上位の役職に任用することで報いていたため、報酬を引き上げるには役職任用する以外の選択肢がなかった。このため、高度なプロフェッショナルとして評価され、役職者の役割を担う必要がない者までも役職に就けざるを得ず、結果、要員の25％が役職者といういびつな構造となってしまった。

役職者となれば組織のマネジメントと同時に、ハイレベルのプレーヤーという役割も期待される。ところが、いつの間にかプレーヤー業務が主体となり、本来あるべきマネジメント業務が後退する場面が目立つようになってしまった。その結果、部下育成や相談などのコミュニケーションが希薄となり、若年層の離職という残念な事象も発生する事態となった。

役職登用のジレンマを解消するため、組織の長である役職者と高度な専門能力で貢献するプロフェッショナル社員の2本立てのキャリアパスを設計する必要性に迫られていた。それは単に役職ポストの不足という理由ではない。役職者に対して、中途半端なプレイングマネジャーではなく本来の役職者の役割を果たしてもらうこと、役職者でなくとも高度プロフェッショナルとして上を目指すキャリアがあることを若手社員に示すことが求められていたからである。

(2) 社長の熱い思い

久世の社名が示すとおり、創業者である久世家が代々経営を行っている。現社長の真也氏（以下、「久世社長」）は、2017年6月に父親の健吉氏から事業を受け継いでいる。久世社長の考えと方針は明快であった。その内容を要約すると次のとおりである。

「経営戦略の方向はトップダウンであるが、実行にあたっては社員1人ひとりの主体的な意見、考えを引き出していきたいと考えている。それは『全員参画の経営』である。変化に対応することが重要であり、その過程で社員1人ひとりが最大限の力を発揮できるよう、多様な働き方ができる環境を整えていきたい。そして、当社で長く働いてほしいと願っている」

さらに、人事制度への考え方と取り組みにも明確な3つの方向性を打ち出している。

> ① 人事評価制度の充実
>
> 評価制度については，評価基準の明示と公正な評価を目指す。等級や職種にふさわしい評価基準を再構築し，さらに評価者の評価能力もレベルアップする。
>
> ② 職位と等級の明確化
>
> 職位等級については，従来のマネジメント重視から多様な専門性を活かす視点で，スペシャリストも重視する方向へシフトする。役職者には文字どおり組織のマネジメントを中心に実践してもらう，そして高度な実務はスペシャリストに遂行してもらう。
>
> ③ 主体的なキャリアプランの設計
>
> 特に若い社員に対しては，将来自分が目指す方向や可能性をイメージできるようにする。異動や配属は本人の希望だけではなく会社としての必要性で決まるが，できるだけ社員に自主的に進みたい道を描いてほしい。当然のことながら昇格や異動など会社のルールはあるが，まず社員が主体的に自分のキャリアプランを考えることが大切である。

さらに，「人事制度に100点満点はない。新制度も試行錯誤しつつ，日々改善を行っていきたい」と改革にあたって抱負を述べている。

久世は，1990年代に人気を博した料理番組『料理の鉄人』に食材を提供していた時代がある。当時を振り返り人事担当役員の加藤常務はこう語る。

「あの時代は採用のPRをしなくても，優秀な人材が集まりました。メディアの威力を体で感じましたよ」

番組が終了し，バブル経済が崩壊してすでに30年。今は状況が一変し，採用は売り手市場である。バブル期の社員層は厚い一方で若手の採用難が続いており，要員構成は逆ピラミッドになりつつある。

「若手の意識も変わりました。全員が管理職を目指した時代は過去の話です。そして，何も考えずに活動さえしていれば収益が右肩上がりになる時代でもありません。これからは，本格的な専門家集団とならなくては勝ち残っていけま

せん。若手には，専門性を磨いて貢献してほしいと考えています」

　加藤氏は先代の頃より長く久世を支えて続ける人物だ。加藤氏が語る方向性は久世社長の方針と一致しており，寸分のズレもない。しかし，加藤氏は人事制度改定プロジェクトから一定の距離を置く。

　「私はもう60歳を超えており，先が見えています。40歳代の若い現社長を長く支える人たちが中心となって制度をつくっていくべきです。反対勢力がでてくるなど，いざとなったら私の出番ですが，井出部長や富田リーダーに任せていれば，そのようなことはないでしょう」と笑顔で語る。

2 | プロジェクトの立ち上げ
―インタビュー―

(1)　会社を知る

　先に述べた課題を解決し，陳腐化した現行の人事制度を変えるべく，2018年に抜本的な改革をするに至った。「頼れる食のパートナー」という不動の理念を新時代にふさわしい形に翻訳し，そこから期待人材像とキャリアパスを再定義する方向へ舵を切った瞬間であった。

　改革プロジェクトは人事総務部の井出部長，富田リーダーを中心に立ち上がり，大和総研のコンサルタントが加わって2018年の初夏にスタートした。本稿を執筆している2019年2月時点で進行中の段階であるが，検討のプロセスを実況中継していきたい。

　人事制度改革のプロジェクトが立ち上がり，コンサルティングの開始と同時に社員へのインタビューを行っている。インタビューは，コンサルタントが顧客の企業を理解するための絶好の機会の1つである。なぜならば，直接その企業の社員と会話ができるからである。インタビューを通じてその会社の特徴をつかむことができる。内容によっては，財務データより貴重な情報である場合も少なくない。こうした説明を井出部長，富田リーダーに伝えて人選を依頼した。

　インタビューは，入社1年目の社員から定年間近の社員までを対象とした。対象者は，能力や評価だけではなく，自分の意見や考え方を発言できる人選をお願いした。良い話ばかりではなく，当然言いにくいこともある。むしろ，改めるべきところをはっきりと伝えてくれる人選を期待した。両氏とも日頃から現場に足を運び，社員との接点をもつことを重視していることもあり，久世を知るうえで最良の人選となっていた。結果は我々の期待どおり，的確で鮮度の良い情報が得られた。どの社員も1時間半の予定時間を超過しがちだった。そ

れだけ真剣に答えてくれたのだろう。自分の事ばかりでなく，会社や組織の強み・弱みにも話題は及んだ。主な意見をご紹介しよう。

「最初は会社になじめずに辞めようと思った。今は定年まで勤めたいと思っている」

「実は私，降格の経験があるのです。しかし，今はこうして役職にも就いています」

「営業は行動量を高めることだけが評価される時代ではない」

「人事評価の基準を明確にしてほしい」

「活動量を否定はしないが，それだけでは限界だろう」

「体育会系でも良い。ただし，これからは知的な体育会系を目指すべき」

「そろそろ女性の営業が登場してもいいのでは」

「営業活動が納品優先になってしまう場合がある」

忌憚のない意見がポンポン出てくる社風は，自由奔放という印象を受けた。オーナー企業でありながら，自由に意見が出せる社風は高ポイントだ。実際に経営層の方とも自由に会話ができる点は，ほぼ全員が高く評価していた。問題はあるにせよ，可能性を秘めていることは確信できた。

(2) 抽出した久世の強みと課題

① キーワードは「もっと賢く行動しよう」

インタビューで得られた情報をつなぎ合わせると，1つの結論にたどり着いた。それは「もっと賢く行動しよう」というフレーズである。日々の仕事は顧客からの問い合わせや受発注，納品，営業，試作等であっという間に時間は過ぎていく。忙しさに押されて深く考えずに，いつものパターンで仕事をこなしてしまっている。ちょっとした改善をすればもっと良くなると頭では理解していながら，それが実現できていないもどかしさが感じられたのである。強みであり，弱みである「考えるより行動優先」というジレンマである。行動することは最優先である。それは同意できる。必要なことは，その「行動のパターンをつくり替えること」であるという結論に至ったのである。

② 大切にしている価値観―食への高い興味関心―

社員1人ひとりの能力は高い。営業職でなくとも,「食」を語らせると止まらない社員も多数いることは久世の強みである。

社内には「Center of plate」という合言葉がある。「お皿の中心を獲得しよう」という目標だ。お皿の中心とは,いわゆるメインディッシュのことである。存在感や価格を考えると,まさに主役の座と同義であり,付加価値が凝縮されている核となる商品である。そのための商品開発とメニュー開発に余念がない。メニュー開発と聞けば,華やかな世界をイメージするかもしれない。しかし,日々の業務は決してそうではない。地味な活動の繰り返しである。試作を繰り返し,改良を加え,さらにとがった部分を演出するためにはどうすればよいかを問い続けている。最終的には,顧客からの受注に結びつかなければならない厳しい世界なのだ。開発者の自己満足では通用しないのである。

素材,味,香り,色彩,旬,原価はもちろん,時代に合っているか,そのお店のコンセプトにマッチするか等々,ハードルはいくつも存在する。こうした積み重ねがノウハウとして蓄積され,久世の強みにつながっているのである。それは調査分析にも及んでいる。社員は昼食時,あるいは就業時間外の夕食時には繁盛店や話題の店を訪れる。久世の顧客企業のお店もあれば,そうでないお店もある。そして独自の視点で分析や評価を行い,日々の営業活動や開発,食材の発掘に活かしている。それは目先の収益の追求ではない。長期的に顧客企業が繁盛することが,久世の企業価値を向上させるという強い信念に立脚している。さらに,顧客企業が繁盛するとは,いかに一般の消費者に支持されるかにかかっているのである。「食」に関心がない者は久世の社員にあらず,という雰囲気が社内に根づいているのである。

③ 弱みと課題

高いポテンシャルを秘めているものの,会社全体の相乗効果として十分に発揮できていないのではないか,という仮説に至った。それは組織内あるいは組織と組織のギアが上手く噛み合っていないことになる。結果的に,前述の「営業が納品優先になってしまう場合がある」という事象に代表されるのではない

だろうかと考えをめぐらせた。

　社内に目を向けると，商品の受発注にも課題を抱えていた。これまでは欠品防止を目標に掲げていたが，その結果過剰な在庫を抱えることになった。賞味期限が短いチルド商品の場合は，常に廃棄ロスが生じる。

　また，顧客のニーズにきめ細かに応えるために，在庫リスクを会社で抱えるケースも多い。例えば，顧客から1缶だけ特殊なケチャップの注文があったとき，メーカーで販売する最低単位が1ダースであっても対応することになる。他店にはニーズがなく，発注した顧客も1缶しか使わず賞味期限を迎えた場合，残りの11缶はすべて廃棄処分となる。営業は廃棄報告書を書き，商材によっては社内販売で処分する対応に追われる。

　特に影響が大きいのは，チェーン展開するファミリーレストランの発注である。季節限定メニューなどの発注は一定期間に限られるが，終了のコミュニケーションが上手くいかないと自動発注が続き，件数が膨大であるがゆえに大量の在庫を抱えることになる。

　過去のデータに基づいた自動発注も行っているが，柔軟な対応も求められる。欠品の低減と過剰在庫の低減を両立させることが取組中のテーマである。営業，物流，受注，発注の各部門の連携が不可欠である。各部門が自部門の目標を達成しようとすれば部分最適となり，どこかにゆがみが生じることになる。実際に担当者も事情は理解している。欠品率の指標をこれ以上追いかけることよりも，欠品の定義を見直し，過剰在庫対策にエネルギーを割くべきと考えていた。

④　改革のきざし

　商品に関しては，数万に上るアイテムを取り扱っている。ロングセラーの商品もあれば，短期間で需要が消滅する商品もある。顧客のニーズにすべて「yes」と答え続けてしまえば，アイテム数は積み上がり，膨大な在庫と欠品のリスク，管理コストがのしかかってきてしまう。このため，顧客中心の考え方には変化はないものの，取り扱いアイテムを分析し，会社としての顧客ニーズを満たすうえで適切なアイテムの見極めに取り組んでいる。アイテム数の削減には営業の協力も欠かせない。顧客は店の味が生命線であるため，当然こだわりは強い。

「うちだけの商品を仕入れてくれるから，久世と取引をしている」という例もある。そのような顧客に対して，代替品を提案することは決して容易ではない。「頼れる食のパートナー」のあり方に関わるテーマでもあることから，一方的な削減はせず，顧客のニーズの最適化に徐々に改革を進めている。

　その中で特に力を入れているのが，自社開発商品である。自社開発は2種類あり，自社で独自に開発する商品と顧客起点の商品がある。顧客起点とは，特に大口顧客からのリクエストである。いずれも利益を確保しやすく，他社との差別化にもつながる。会社にとって「キラーコンテンツ」だ。

　商品企画部の清水部長は，常に現地・現物を重視する行動を奨励している。

　「現地だからと，外出さえすればよいというものではないですよ。例えば，営業だったら，顧客に商品を届けに行くことを"作業"と思っているのは論外。ただ届けて終わりではダメ。顧客と話をする，厨房の冷蔵庫や倉庫，棚を見てどこの会社が何を納入しているのかを観察するチャンスだと考える。そうやって初めて，顧客を知り，顧客に受け入れられる提案ができるんです」

　そして，清水部長自ら，忙しい最中に海外にも足を運び，現地・現物の行動を実践している。

　「毎年スペインのオリーブ畑を見て回っているよ。60歳を超えてから，短時間に長距離を移動するスペインの強行日程は，体力的に厳しいけどね」と笑う。

　商談会のオリーブオイルコーナーでは，現地の動画を交えて今年の作柄を説明したり，アイスクリームにオリーブオイルをかける食べ方を提案するなど，意思ある購買を実践していた。現場に足を運んでいるだけあり，話に説得力もある。こうして部長が率先垂範して国内外を問わず産地や工場を訪問し，自分の五感で確かめる習慣を組織に浸透させている。こうした行動が徐々に実を結び，新規の商材発掘や仕入価格の低減という成果が出始めていた。私たちが課題を指摘すると同時に，すでに社内で起こりつつある変化を上手く人事制度改革のテコに活用しようと考えた。

3 目指す方向

(1) 「頼れる食のパートナー」を支えるエンジンを再定義

　インタビューを終えた我々は、久世のビジネスをシンプルに表現した。その内容が**図表6-1**である。久世を支える組織や人材は多岐にわたるが、大きな原動力である3つのエンジンから構成されるだろうと定義した。1つは顧客にアプローチして受注を獲得するクリエイティブエンジン。1つは受注を納期どおりに納品して売上をつくるオペレーションエンジン。1つは会社としての業務を支えるサポートエンジンである。もちろん、3つのエンジンには序列はない。どれもが欠かすことができないエンジンである。個々の人材は各組織の一員として職務を遂行するが、組織として有機的に結びついている。巧みな連係プレーを行い、顧客の要望に応えているのである。

　この青写真を基盤として、役者が正しく自分の役割を理解し、演じきることを促す人事制度を目指した。

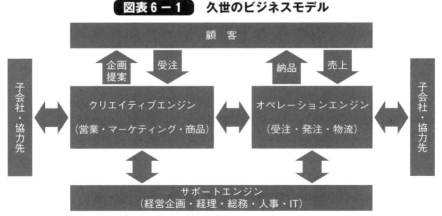

図表6-1　久世のビジネスモデル

(出所)　プロジェクトの議論に基づき大和総研作成

(2)　多様性を力に変える

　社内には多様な人材がいる。元料理人，大手食品メーカーで誰もが知るヒット商品を連発してきた人，グローバルICT企業での幹部経験者もいる。そして，新卒で入社し幹部まで昇進した人材もいる。これらの多様性を活かし，これまで以上に強い経営体質の構築を目指すことが1つの目標である。

　多様な人材のそれぞれの専門性のみをひたすら高めるのであれば，備えてほしい専門のレベルと方向性を指示し，同じ職種を何年も経験させればよい。しかし，多様な人材を束ね，連携させ，全体の力とするには，単線のキャリアだけではなく，モノ・カネ・情報の流れ，つまり久世を熟知すること，プロフェッショナルとしての専門の深さを追求するための経験も必要となる。相応の覚悟と学習と時間が必要であり，そのための道筋をキャリアパスとして「見える化」することが重要である。

　久世では，すでに一部先手を打っていた。例えば，新卒・中途問わず，社員に物流センター業務を体験させること，繁忙期の応援に間接部門の社員を充てることである。単に新人研修の一環として若手を送り出すだけでは，人手不足の解消や知見を得させることに留まる。真の意味を理解できないまま作業をしていると「営業志望なのに，やりたくない倉庫作業をさせられた」と不満を抱く可能性が高い。しかし，商品を見て触れて，大きさや重さ，温度帯を体感すれば，営業や業務の進め方がまるで異なってくる。実際に体感することで受注や発注の回数やロットの大きさ，納期設定など顧客満足を維持しつつ，社内業務の効率化も両立しようとする動きにつながると期待されている。

　年末年始の繁忙期に，物流センターで仕分け作業にあたった井出人事総務部長は振り返る。

　「私は一作業員として入っていましたが，現場を見ていると，上手く人を使いきれていないんです。忙しい人がいる横で手持ち無沙汰にしている人がいました。リーダーが全体を見て指示をしていればよいのですが，リーダーも作業に没頭している。全体を俯瞰できる現場リーダーの育成が急務だと感じました」

第6章　「頼れる食のパートナー」が目指す全員参画の経営──株式会社久世　211

　物流の現場は，募集しても必要な人材を確保できないという差し迫った状況に追い込まれている。物流専業の大手企業でさえ，人材の確保に窮している状況である。短期的には人手不足の状況であるが，増員ありきではなく，社内の仕組み全体を再構築して課題を解決する方向で動いている。そのために，多様な能力や多様な経験を活かそうとする試みである。

(3)　優先順位とあるべき姿の議論

　もう１つの事例を紹介する。それは「水曜日の配送業務の休止（休配）」である。久世では「原則日々納品」であるため，毎日配送業務を行っている。しかし，前述したように，物流センターの要員はギリギリのところでオペレーションを行っている。さらに，働き方改革関連法に対応すべく，長時間労働の抑制や休暇取得率の向上は喫緊の課題である。配送業務は業務委託をしているものの，外部業者に無理をさせ続けると，卸売りの生命線である配送業務がおぼつかなくなる。持続可能性を高めるためには，発注側の責任として，毎週水曜日の休配を検討し，実行に移した。

　当初は，顧客からの苦情や契約を打ち切られるリスクなどが議論された。しかし，やってみなければ結果はわからない。本当に正しい営業活動をしているのであれば，顧客には理解をしていただけるという意見もあった。最終的に久世社長が決断を下した。結果，顧客との取引に影響を及ぼすような苦情は１件もなかったのだ。

　水曜休配とほぼ同時期に，取り扱いアイテム数の削減，値上げ交渉も営業に課せられていた。円安や原材料高騰のあおりを受けて，多くのメーカーで販売価格を引き上げており，卸売業として価格交渉の前線に立たされていた。いずれも会社都合のお願いごとであり，顧客のための提案ではない。当初は営業からの反発もあったが，こうした取り組みを積み重ねていく過程で，社員は少しずつではあるが「それでも顧客に選ばれる存在であること」，「交渉ができたこと」を感じて自信を高めつつある。

　一方で，少ロットのアイテムは，引き続き営業社員が配送を担っている。商物分離を掲げながらも日々の配送に追われ，思うように営業ができないという

理由で離職に発展してしまったケースもあり，営業と納品業務の位置づけには
さらなる改善が不可欠だ。納品業務は，表面だけを捉えると，いわゆる作業に
他ならない。しかし，清水部長が述べたように，納品して厨房や冷蔵庫を観察
することで，お店の状況がより正確に把握できるメリットもある。適度なタイ
ミングで納品業務を行うことは，貴重な情報収集の機会になる場合もある。本
来あるべき営業活動とは何か，しっかり議論する必要がある。

　こうした背景を踏まえて，企業理念の「頼れる食のパートナー」を，これか
らの時代にふさわしい内容に翻訳しなければならない。新しい解釈を期待し，
あるべき人材像やキャリアパス，人事評価の基準や職位等級制度に反映してい
くことで，新しい行動パターンを構築しようと考えた。

(4)　未来志向と現実のバランス

　将来を見通すと，社内業務においてAIが威力を発揮することは目に見えて
いる。やがてAIが業務を代替するする職種もあるだろう。久世も手をこまね
いているわけではない。自動化や効率化，システム化には久世も力を入れてお
り，自社システムによって受発注業務は飛躍的に効率化している。一方で，個
人経営の顧客が多いことがシステム化のネックとなっている。

　受注センターの担当者は嘆く。

　「お客様には営業を通じてシステムの利用をお願いしていますが，まだ多く
のお客様は手書きの注文書をFAXで送ってきます。所定のフォーマットや商
品番号を使っていればまだ良いのですが，癖の強い字で『ケチャップ』などと
記載されると，どの品番かを確認したり，電話で照会したりといった個別対応
をせざるを得ません。システム以外の方法で寄せられる受注対応に1日の大半
を取られ，本来の業務改善などに着手できないもどかしさがあります」

　「システム化＝効率化」と思われがちであるが，BtoCの取引，顧客側の立場
が強い医療機関との取引などでは，発注者側の都合や好みに対応せざるを得ず，
非効率が温存されてしまいがちだ。

　AIによるさらなる自動化を想定しつつ，理想が一足飛びに実現しない現状
を踏まえたうえで，未来にも柔軟に対応できる色褪せないコンセプトを固める

ことを目指した。

　例えば，物流においては業務処理量や正確性を評価しつつも，目指してほしい高度スペシャリストの姿として受発注や物流の仕組み，ネットワークをゼロベースで構築できる人材を求めるという具合である。

(5)　定量指標

　久世では，かつてKPI（key performance indicator）を駆使して業務改善に取り組んだ経験がある。「やりっぱなしでレビューしない」風土に風穴を開け，PDCAを回す意識や考え方を定着させることに成功した。しかし，KPIを設ける背景や自社にふさわしいKPIの検討が十分ではなかった反省がある。例えば，全員一律に成果指標ではなく訪問回数を求めて目的と手段が混同する，あるいはPDCAにとらわれすぎてしまい，変化に対して柔軟に適応することよりも達成率だけがクローズアップされるというような弊害が生じていた。

　今回のプロジェクトでも，KPIを設定する場合は背景や実効性を考慮した内容にすることを前提とした。確かに，定量指標であるKPIは便利なツールである。しかし，その使い方を間違えると期待したほどの効果は得られなかったり，意図しない行動を促したりすることとなる。さらに，人事評価に使用すると，思わぬ反動が出てくる可能性がある。

　人事総務部の井出部長と冨田リーダーは，前回の反省を踏まえ，自分たちがコントロールできない指標や単なる願望起点の指標は設定しない方針を堅持した。営業社員の訪問件数も同様である。訪問件数は否定しないが，件数重視で営業の内容そのものがおろそかになるリスクがある。件数以上に顧客のニーズをつかみ，それに対していかに効果的な提案をするかが重要なのである。顧客ニーズの聞き取りを丁寧に行う，あるいは提案活動を実践すれば訪問件数よりも滞在時間が延びるはずである。だとすれば，「訪問件数」よりも「滞在時間」を重視しようという流れになってくる。

　実際に，収益につながる行動は何かを整理したうえで，どのクラスに何を求めるべきかも検討した。顧客との対話もままならない新人に「滞在時間」を求めるのは酷であろう。営業の２年目までは「訪問件数」を重視，３年目以降は

「滞在時間」を重視という具合に要求レベルを分ける。さらに，営業の高度プロフェッショナルクラスでは半期の提案件数○件以上，かつ受注率60％以上という成果や提案の質に関する目標値が浮かび上がってくる。

　営業だけではなく，メニュー開発であれば若年層は一定の提案数を大切にしつつ，等級が上がるにつれて採用数や採用率を重視しようというように，定量指標のクラス分けを応用した。

　このように考え方がしっかりしていれば，人事評価に含めるか否かは別として，上司の指導や部下との対話会話はさらに濃い内容になるはずだ。部下も何を目指せば合格点なのか，次のステージでは何をすべきかが見える。これまで10分程度しか話せなかった顧客と１時間話せるようになったことは自信にもなり，また定量的に見えるため上司も評価しやすい。

4 ワークショップ

　方向性の議論を経て，等級のフレームや報酬等は経営と人事総務部主導で進め，具体的な評価基準やキャリアパスの設計は社員参画型で進めることにした。久世社長が重視している『全員参画の経営』の実践である。その中心的活動がワークショップである。ワークショップは，インタビューを行った従業員をメンバーとして，等級ごとの期待行動や評価基準を議論する場である。ワークショップについて簡単に解説をしておく。

　組織単位で5名前後のメンバーを選抜し，6グループを編成した。テーマは『該当職種の期待人材像の定義』づくりだ。各人が付箋に個人レベルのアイデアを書く。その後全員の付箋をホワイトボードに貼り出す。さらに，内容が類似している付箋をまとめる。こうしていくつかの付箋の塊が出来上がる。その内容を吟味して，組織や職種にふさわしい記述にブラッシュアップしていくものである。

　昨今，この参画型ワークショップにより等級や評価の基準を検討する事例は増えている。人事総務部主導で規定すると現場の実態とかい離し，ややもすると他社事例や汎用のひな型と変わらない"ありきたり"なものになりがちである。このような内容では評価者も理解できず，評価の納得性は高められない。メンバーから意見を集約しながら作成することにより，現場の生の声を反映しつつ，参加者の意識や目線を高める効果もある。導入後の実効性を高める効果もあり，お勧めしたいプロセスだ。

　さて，久世においてはインタビューに参加したメンバーを中心としたワークショップを開催している。ワークショップを開催するにあたり3つのエンジンとマネジメント，スペシャリスト，若年層の大きな3つのコースに期待する方向性の考え方を**図表6－2**に示す。

図表6-2	3つのエンジンと期待する職務の方向性		
3つのエンジン	マネジメント	スペシャリスト	若年層
クリエイティブエンジン	マネジメント力（共通）	顧客満足度向上	他部門の理解と連携強化
オペレーションエンジン		生産性向上	標準化・IT化によるローコストオペレーション
サポートエンジン		企業価値向上	全社最適の視点で改善

(出所) プロジェクトの議論に基づき大和総研作成

(1) 臨場感を重視

① 期待人材像と評価の洗い出し

　ワークショップの目的は，職種ごとの期待人材像と評価の視点をあぶり出すことであり，アウトプット指向で進行した。現状是認に加え，未来志向で理想レベルを追求した。理想といっても「絵に描いた餅ではない」。ラビリンスに入り込むことは翻意ではない。実在する多くの従業員が含まれる等級では現状を少し背伸びしたレベル，一方で将来的に目指してほしい高度プロフェッショナルは未来志向で「目指したい理想」，「憧れる存在」，「将来の技術革新に左右されない」内容で検討している。

　例えば，営業の理想像であれば，顧客の期待値の半歩先を捉える存在とする。一歩先を行くと顧客はついていけない。少し先を示しつつ，新たな価値を提供する。しかし，それだけではなく，個性や人を引きつける魅力も備わっていて，顧客から熱烈な支持を獲得しているというような具合だ。その人はどのような行動をしているか，どのようなスキルや経験があるか，そのイメージやキーワードを付箋に書き出し，ホワイトボードに貼り出しながら，期待する人材像をあぶり出していった。

　ここで久世の強さが際立った発見があった。とにかくアウトプットの量が異常に多い。付箋をホワイトボードに貼り出してもらったが，ホワイトボードでは貼りきれず何重にも重ねてやっと出しきっていた（**図表6-3**参照）。これ

までの他社のワークショップの経験値と比較しても，圧倒的な量の素材が得られた。また，量だけではなく，その中身も特筆すべきものであった。営業であっても，顧客だけでなく，社内の他部署との関係にも言及があった。

熱烈なファン顧客が多い社内ナンバーワン営業社員は，「自分たちが満足しても，社内のどこかで誰かが自分たちの埋め合わせをしているようでは，何の発展もない」と話す。

営業が一方的に活動し，受注したら「自分に関係ない」という発想を否定したのである。「運ぶ・つくる・考える」のバランスがよいサイクルを構築しなければ，どこかに無理がかかり，やがては破たんすることが現場の危機感として共有された。こうして現状と理想，危機感を何回も往復することで，未来志向で臨場感のある意見が集約されてきたのである。

熱を込めて発散したものは，意見として集約し，基準案としてまとめてもらった。さらに，熱が落ち着いた頃，2回目のワークショップを行っている。ここでは，メンバーの想いがこもった基準案をコンサルタントの目線で整理した「基準案ver2.0」をブラッシュアップする議論をしている。この場には，久世社長も参加している。「もっとこういう想いを込めたい」，「これは我々の意図するものではない」という議論をまとめ，各グループから発表をしている。これに対して，参加メンバー並びに社長が質疑応答を行い，より完成度を高めていった。こうしたプロセスは大切にしたい。

人事総務部と外部のコンサルタントが部屋にこもって「あるべき姿」をまとめ，自己満足するとおおよそ使い物にならない成果物が1人歩きすることになる。その結果は悲惨である。運用でつまずき，最悪の場合，「以前の制度がマシだった」ということになりかねない。本プロジェクトでは，臨場感ある「全員参加の検討」を重視して，仮に内容に稚拙な箇所があっても，自分たちでつくり上げた制度である自信と手ごたえ優先した。

② キャリアプラン・育成イメージ

等級別の期待人材像と評価のイメージができた段階で，理想的なキャリアパスについても参加者の知見や経験，現在の若年層社員の顔を思い浮かべつつ議

図表6-3　質と量が際立ったワークショップ

（出所）　大和総研撮影

論を進めた。

「この部署の経験はもっと短くてもよい」

「今後は，このような異動があってもいいだろう」

「この異動はあまり効果が期待できない」

「この部署の経験は絶対に必要だ。ここは譲れない」

等々の活発な意見と試案が出された。

「プロフェッショナルを育てる」というと，初任配属がすべてというイメージをもたれやすい。また，卸売りでは営業やバイヤー・商品開発が花形で，裏方の物流や管理は格下というイメージが根強く，営業から物流に異動すると「営業が向かないから」というネガティブな捉え方をされがちであった。しかし，前述のとおり，モノ・カネ・情報を把握し，久世の全体を熟知するプロフェッショナルが久世の求める人材像である。キャリアパスの検討では，これらのネ

第6章 「頼れる食のパートナー」が目指す全員参画の経営──株式会社久世　219

ガティブなイメージを払しょくすることも狙いに置いていた。

　この点は，事前の狙いどおりの方向へ議論が進んだ。多くの部門で「幅広い経験のある人材大歓迎」という声が聞こえ，「営業であっても広域営業（チェーン展開の大規模顧客）を目指すなら，物流経験は必要」という意見も出されている。自分たちの経験を全面肯定するのではなく，「もっとこういう経験ができれば良かった」という反省点も踏まえて理想的なキャリアパスを検討した。試案は今後の昇格要件や異動にも大いに反映されることであろう。具体的な検討資料を**図表6－4**に示す。

(2)　ワークショップの副次的効果

　ワークショップの直接の目的は，等級と評価の基準を洗い出すことであったが，このほかにも以下のような3点の効果が確認されたのでご紹介しよう。

図表6-4　キャリアパスの検討資料

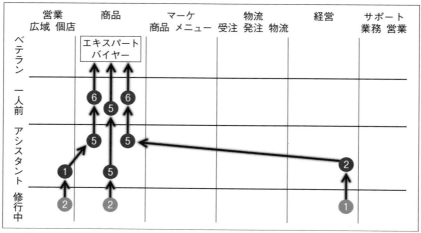

(出所）プロジェクトの議論に基づき大和総研作成

① **全体最適のマインドセット**

　特に他の部門とどのように調和していくかという意見が多く見られたことは，大きな収穫であった。これまでの自己満足による業務完結ではなく，全社最適の業務完結を考えたところに大きな前進が見られたのである。行動を変えるためにはまず頭の中を変えなくてはならない。そして行動を変えて，それを新しい習慣へと昇華させることが改革のポイントである。

　例えば，前述した欠品という課題に関しては，従来の「欠品率低減」という言葉は姿を消し，新たに「在庫日数」という指標がクローズアップされた。在庫日数を目標にすることで過剰在庫の解消を狙うと同時に，発注の精度を高めることを目指したのである。回を重ね，自分たちに求められる役割を突きつめて検討する過程で，「在庫日数」を掲げてこそ欠品も減り過剰在庫も解消できると思考回路を変えた成果である。プロジェクトのキーワードとして掲げた「もっと賢く行動しよう」という土壌が徐々にできつつあることを感じさせる場面であった。

② 「あってはならない行動」からの気づき

評価基準を議論する際は，やるべきことばかりではなく，あってはならない行動も併せて検討するようにお願いした。ネガティブな内容を検討することに賛否両論あるだろう。しかし，「あってはならない」を洗い出すことで，組織としての価値観が浮き立つ。前述の「食」に関心がない者は久世の社員にあらず，という声もここでしっかりあぶり出されていた。また，ヒアリングで「周囲の困った人，許されない行動」への不満は多く聞かれる一方，評価基準で具体化されていないと上司として低い評価をつけにくいという意見も寄せられており，検討の価値はあるといえよう。

さて，久世においては納期を守らない，関係者との相談不足，社内ルールを守らないといった基本的な内容はもちろんであるが，自己中心的な動きややる気が感じられない行動など，仕事と向き合う根本的な姿勢を問う内容も含まれていた。自己反省と同時にワークショップの議論を進める過程で，参加者が多くの気づきを得たことが確認された。

③ 定性と定量のバランス感覚

ワークショップの過程で評価の公正性を追求するあまり，無理な定量指標の設定をすることも避けた。それよりも，「目標達成時の状態」が具体的に共有される表現が好ましいと判断したからだ。例えば，「新規開拓10件」よりも，「新規開拓が計画通り進捗している」を優先した。「計画通りに進捗している」という表現を加えることで，件数だけではなく，提案内容や獲得までの時間，交渉の手順などを総合的に評価しようと考えたからである。件数を達成するために，収益を犠牲にする提案は絶対に避けなくてはならない。ワークショップを通じて過去のKPIとPDCAプロジェクトを振り返り，新たな方向性を自ら打ち出せたといえよう。

ワークショップの真の効果が発揮されるのは，運用が開始されるこれからである。繁忙期にかかわらず各部門のキーパーソンが集合し，真剣な議論を行ったプロセスは有意義であった。多忙な日々の中で忘れかけていた重要なポイントを掘り起こし，根本的な議論をする場が形成されたことは大変効果的であり，

納得性を高めることもできた。

5 │ 制度設計

(1) コースと等級

　活動量の多さをいとわないこれまでの社員の姿勢は，「体育会系」とか「人海戦術」と表現された。これから目指すのは，「もっと賢く行動しよう」である。それを実現するための評価制度，コース等級制度，キャリアプランをどうすべきかの検討に入った。最初に等級のランク数の検討を行った。等級のランク数については，唯一絶対の正解はない。多すぎても少なすぎてもいけない。現在の課題解決に資する内容が求められる。今回はインタビューの結果をもとに，大まかに等級の概念を設定した。

　新卒入社から順番に，「修行中」，「アシスタント」，「一人前」，「ベテラン」，「スター」の５つ程度のランクを仮り置きした。職種にかかわらず全社統一の物差しとして５つのレベルを設定した。その後に，職種別にふさわしいイメージや期待像を具体的な表現で肉づけする作業を繰り返した。人事総務部のスタッフとは議論を重ね，ワークショップのアウトプットも反映した。

　ランクは等級として固定化し，等級を上げるいわゆる昇格インセンティブを機能させる必要がある。昇格によるインセンティブが成長の源泉となり，その度合いが企業価値の向上につながることになる。等級の決定は人事制度における基本設計の重要な要素の１つである。しかし，昇格を社員のインセンティブに使おうとすると，ランク数は増えがちである。しかし，具体的に肉づけできない等級には本来意味がないため，説明ができ，わかりやすく表現できるランク数に集約していった。

　ここのイメージが固まると，等級に連動して報酬テーブルと評価基準が順次決まっていく。等級の定義は成長段階を見える化する道具である。「この等級では，この活躍・貢献を期待する」という経営のメッセージが込められている。等級のイメージを全社で共有する目的で，ワークショップの中で『ひとこと定

図表 6-5	等級のひとこと定義
5つの等級ランク	等級のイメージ
スター	スペシャリスト，カリスマ，リスペクト，マスター
ベテラン	エキスパート，0から1を産む，イレギュラー対応可能，プロ
1人前	推進者，任せて安心，セミプロ
アシスタント	サポーター，日常業務はお任せ
修行中	スタッフ，指導者が不可欠，見習い

（出所） プロジェクト内容に基づき大和総研作成

義』を課題にしてみた。できる限り「久世の言葉」にしたかったからである。その結果を**図表6-5**に示す。いわゆる公式な定義は必要である。そこに至る前に，イメージを共有することで，公式の定義が威力を発揮する。やがてAIの時代が到来した際に，このような言葉の定義のデータベースがあると将来の制度変更にも柔軟な対応が可能である。その意味も含めて，今回はこのような手順を踏むことにした。

　また，等級定義をする場合に，詳細に「○○の仕事ができる」と記載する事例を目にする機会が多いが，あまり得策ではない。これだけ技術革新や世の中の変化のスピードが速ければ，その仕事は消滅してしまう可能性が高い。すると等級定義は途端に使い物にならなくなる。それより，どのような仕事の仕方をするか，どのような行動をするかに着眼点をシフトしたほうが賢明である。等級定義や評価基準は，往々にしてだらだらとチェック項目を羅列している企業が多い。しかし，これでは労多くて益少なしだ。キーワードやキーセンテンスを活用した理解しやすい表現こそ社員の理解と共感を得られるし，評価する側もエラーを回避できることを明記しておきたい。

(2)　報酬制度

　報酬検討は「総額人件費」と「個別配分」の2つの視点が求められる。「総額人件費」は企業の収益力で決まる一方，「個別配分」は本人の等級や人事評価により決定する。社員の関心は専ら「個別配分」である。

かつて，同一等級に長期間滞留している社員に対して「そろそろ昇格させてやりたい」，一定年齢に到達した社員に対して「年相応の報酬に上げてあげたい」いった人情人事があった。久世には等級制度が存在していたが，運用においては年功給を意識して昇格させる場面もあり，「個別配分」の対応に苦慮していた。その結果，「なぜあの人が管理職なのか」，「どうしてあんなに報酬が高いのか」という疑問の声が出始めたのである。

人口が増加し，ある程度の経済成長が見込める時代は，その運用でも問題は表面化しなかった。時代は人口減少，経済は低成長期を迎えている。企業に人情人事を続ける余力は残されていない。このような人情人事が起こるには理由がある。それは昇格しないと給与が増えないからだ。「家族がいるのに大変だろう」という理由がある。もう１つは「同期が昇格しているのに可哀そうだ」という，意識や行動，成果の評価を超えた判断がある。残念ながら，企業は思いやりで経営をしているのではない。社員を採用・育成し，顧客に付加価値を提供して利益を出し，株主に配当を還元しているのだ。当然のことながら，業績への貢献度が高い社員に報いるのが本筋である。不適格者が人情人事で昇格をすれば，特に若年層からは不満が出る結果になる。

女性活躍の広がりによって，これからの時代はいわゆる総合職同士の結婚が増えてくるだろう。30歳前後の残業手当込の年収は世間水準で400〜500万円程度で，２人で稼ぐと世帯年収は1,000万円に近くなる。総合職の夫婦であれば，育児負担を妻に偏らせるのではなく，２人で公平に分担する選択も合理的だ。果たしてこうした世代が，かつてのサラリーマンのように，報酬や等級の上昇志向を強くもち続けるだろうか。世帯年収が1,000万円を超えてくると生活はある程度ゆとりが出るし，過度に仕事に打ち込んで報酬を上げようとするよりも生活重視に傾斜しても不思議ではない。そうなると，お金だけでは社員のモチベーションを維持できなくなる可能性がある。「家族を養う大黒柱で，上昇志向をもっている」という社員像を捨て，総額人件費をどのように配分するか，これまで以上に慎重かつ大胆な発想が求められるのだ。

こうした議論を重ねて，久世は報酬制度に関して大きな方針を決定した。具体的な金額の設計に入る前に，報酬に対する価値観をしっかりもっておくべき

と判断したからだ。方針がないと，賃金テーブルの金額や誰を「上げる・下げる」，不利益変更という小手先の話に終始してしまいがちだ。

　その方針が，次の3点に要約される。方針の内容を**図表6－6**に示す。大括りであるが，こうした大方針を設定しておくと，それ以降の意思決定がスムーズに行く場合が多い。常に方針に沿っているかを検証するので，成果物にブレが生じにくくなる。こうしたプロセスは非常に重要である。言葉では成果主義と叫びながら，実際の運用になると腰が引けて，結局は年功運用に陥る企業は少なくない。久世の場合は，あえて一定の等級までは年功昇格を認めて安心感を与えたことにより，エッジが効いた方針を打ち出すことができた。右肩で昇給する間に，自分のキャリアプランを考えてほしいという会社の願いが込められているといえよう。退職金等に関しては今後の定年延長も視野に入れつつ，改定を行う予定である。

　諸手当に関しては，支給の公平性や時代を意識した改定を検討中である。例えば，従来の家族手当は配偶者が中心であったが，女性活躍の推進でいわゆる専業主婦の比率は低下しており，配偶者手当の存在意義が問われるところだ。また，世間的には子どもの教育支援という視点から，子ども手当を充実する動きが活発化している。対して教育の無償化等で公的支援を受けているから，仕事や成果に配分すべきという意見もあるだろう。一方で，代々続くオーナー企業として「社員だけではなく，その家族も大切にしたい」といった責任をもちたいという想いもある。手当については答えがない以上，議論を重ねつつ，多

図表6－6　久世の報酬に関する方針

1. 月額給与は一定等級までは多少のスピードの違いがあっても引き上げる。久世に入社した以上は一定水準までは，昇格させ給与水準を引き上げる。
従って多少は温情の昇格があっても想定の範囲内と割り切る

2. 給与水準が一定に達した後は，公正な評価に則りルール通りに昇給の運用を行う。極端であるが年齢や温情による昇給を排除する。

3. 賞与は一定の固定配分をするが，今後は営業利益に連動する原資の比率を高めていく。ある程度時間をかけつつ業績連動賞与に移行する

（出所）　プロジェクト内容に基づき大和総研作成

様な視点で改廃の検討を行っている。

(3)　評価制度

　「社員の最大の関心事は人事評価だ」，これは人事担当の加藤常務の言葉である。久世を知り尽くしている加藤常務の言葉だけに重みがある。私たちのコンサルティングの経験でも，人事制度の最難関の1つが人事評価である。100%正解はあり得ない。いかに100%に近づける努力をしたか否かにかかっている。最難関の理由は人が人を評価するからだ。感情も主観も入り込む余地が十分にある。評価エラーをいかに抑え込むかが分岐点になる。

　評価基準や評価段階定義，配点の比重や配点の幅など細かいところに配慮が欠かせない。最も神経を使うプロセスだ。前述のとおり，久世ではPDCA活動を推進した時代がある。期初に設定したKPIに基づいた評価を重視しすぎたため，柔軟な対応力や久世らしいプロセスよりも未達に対する追及が厳しい運用となり，結果として人事評価が減点主義に傾いてしまった経験がある。PDCAを回すという習慣ができた反面，できて当たり前，できなければ減点という評価の価値観を修復するために大変な苦労を経験している。単純に評価結果の甘辛を調整すれば解決できる単純な話でもない。評価結果は，数年後の昇格や昇進にも反映される内容だけに慎重さが必要だ。

　今回の制度改定では大括りの等級イメージを確立し，ワークショップでその具体化を社員の手づくりで完成させた。その知見を活かして，等級ごとに評価基準を定める作業を行っている。ワークショップで各職種の参加者が一堂に会することで，基準や評価に対する職種間の偏りも是正されつつある。人事評価は『ルールは公平に，評価は公正に』が原則である。公平は平等と同義であり，等級や職種にふさわしい評価基準を設定し，会社が決めた判断ルールを設けることで実現される。機会平等ともいえよう。評価は公正であるが，結果は平等であってはならない。社員1人ひとりの成果や能力開発の程度には違いがあるはずだ。悪平等に陥ることなく，上司が決められた基準でルールに則り，客観的に評価することが公正な評価の真意である。久世においては，この考え方を徹底しようとしている。仮に適正な評価基準が完成しても，評価する上司が客

図表 6 − 7 評価エラーの分類

エラーのタイプ	エラーの内容
意識しているエラー	① 昇格が近い時期だったので，高い評価をつけた ② 自分と同じ大学の出身だったので，高い評価をつけた ③ いつも残業をしており頑張っているので高い評価をつけた ④ 会議等で自分とは反対の意見を言うので，低い評価をつけた
無意識のエラー	① 報告や連絡をマメにしているので，高い評価をつけた ② 日々の動きがキビキビしているので高い評価をつけた ③ 服装がだらしないので低い評価をつけた ④ 直行直帰が多いので低い評価をつけた

（出所） プロジェクト内容に基づき大和総研作成

観的な評価を判断する能力をもたなければ仕組みが機能しなくなるからだ。

最も警戒しているのは，上司の評価エラーである。評価エラーには，意識しているエラーと無意識によるエラーがある。この内容を**図表 6 − 7**に簡潔にまとめておく。

意識しているエラーとは，評価する以前から，上司がこの部下には高い評価をつけよう（あるいは低い評価をつけよう）と決め込んでいる場合である。無意識のエラーとは，実際に評価をつけながら，「そういえば動きがキビキビしていたから高い評価をつけた」という場合である。意識しているエラーは，二次評価者や人事総務部が精査してエラーと判断できる。つまり，修正が可能である。無意識のエラーは，上司本人も気づいていないので，二次評価者や人事総務部でも判断するのが容易ではない。さらに，上司の感情，いわゆる好き嫌いが入り込むと問題はますます複雑になる。

人事総務部としては，この評価エラーは100％防ぐことは難しいことは承知している。いかにエラーを低減するかが課題である。基準のつくり込みと同時に，評価者に対する評価能力の向上を促す必要がある。評価者研修や多面評価（いわゆる360度評価）などが該当する。久世では，評価者研修とともに多面評価の採用も検討している。多面評価は，場合により人気投票になってしまうリスクもあるため，導入と処遇への反映は慎重にすべきだ。久世では直接上司の評価に反映させないが，参考値として継続的にモニタリングし，評価者として

明らかに能力が足りない場合は、役職ポストを外す方向性で検討を進めている。

上司、つまり評価者にとっては厳しいかもしれないが、マネジメントの役割とは組織の力を最大限に引き出し、組織の目標を達成することである。それゆえ、報酬水準も高く設定されている。公正な評価を怠り部下のモチベーションが減退すれば、組織の目標達成は危うくなる。これは避けなければなるまい。こうした観点から評価エラーが起きにくいルールの整備と同時に、評価者研修や多面評価等の施策を効果的に活かす発想が重要なポイントになる。

評価が終了すると、その結果は報酬や昇格・昇進につながってくる。定期昇給や昇格、賞与は社員の最大の関心事であるため、評価の結果と報酬への反映は神経質にならざるを得ない。今回の制度改定においては、評価と報酬の関係をできるだけシンプルに整備する方針である。

いわゆる能力を中心とした能力評価（毎年1回の実施）は基本給の定期昇給および昇格に反映し、業績評価（毎年2回実施）は賞与に反映する方向である。例えば、能力が伸びていても、リアルタイムに業績に表れないこともある。この場合、賞与は抑えるが、能力の伸長が確認されれば、能力評価は標準よりも高い評価となる。逆の場合もあるだろう。業績は期待した水準を超えていれば高い評価になる。しかし、その過程では周囲からの手厚い支援を受け、かつ残業も多かったならば能力はやや不足しているという判断になる。能力評価は標準よりもやや低い評価となる。こうしたシンプルで明快な評価と報酬の紐づけをすることが重要であると考えている。

(4) 働き方改革

残業の削減や休暇の取得率向上は、働き方改革の一丁目一番地である。業務改善は徐々に進んでいる。ただし、業務の特性上、どうしても休日出勤という場合もゼロではない。顧客満足度と従業員満足度の両立の難しいところだ。特に自分の責任で時間をコントロールできない部署は、マネジメントの巧みさが問われる。配送休止日の設定に始まり、商品の発注回数の低減、誤発注や誤配送などのミスの撲滅に取り組んでいる。営業では効果的な訪問計画を組み、先手を打った対応が可能な動きを目指している。

久世では，業務改善の取り組み1つとして，確認の徹底も含めた社内・社外のコミュニケーションの活性化を重視している。報告や連絡は当然のことで，相談の質を高めることが生産性や付加価値の向上のポイントであるという共通認識がある。ちょっとした確認を徹底することによりミスやクレームが低減できるが，一歩踏み込んでコミュニケーションの頻度や濃度を高めることで業務はさらにスムーズに進行する。結果として，必ず生産性の向上に反映されるはずだ。業務改善に留まらず，顧客対応や指導育成の場面でもコミュニケーションをより重視したいと考えている。

6 │ 実効性がある運用を目指して

(1) 評価者研修

　人事評価の仕組みは，方針を含めて完成間近に迫っている。この仕組みを上手く機能させるためには「公平なルール」と「公正な評価」が両輪となる。特に，制度改定後は役職者の評価が重要度を増してくる。評価エラーの発生を最小限に抑えるために，評価者研修の実施を予定している。

　現在検討中のプログラム案は，評価に関する知識の習得と，知識を正しく活かすためのケーススタディ，そしてフィードバック面談を行うためのロールプレーの3本柱で構成されている。特にケーススタディは，社内で実際に起きている現象を題材としてストーリーを組んでいる。そのストーリーに沿って，実際の評価シートを用いて模擬評価をする臨場感がある研修である。

　採用時の審査においてはAIの活用が広まっており，そう遠くない未来にAIが実在者の評価をサポートするようになるとの想定もある。こうした変化にも柔軟に対応できるように，今から準備をしているところだ。同じケーススタディに取り組んだ際の評価者間のズレやエラーの傾向を継続して蓄積していく。将来的にはAIの助けを借りて，偏りの補正や評価要素の改廃を行うことも可能になるだろう。しかし，AIに学習させるデータ，つまり蓄積した評価データの信憑性が乏しければ，効果的なデジタル化は進まない。まさに評価者研修はその土台づくりといえよう。

(2) 昇格運用

　等級が上がる昇格は，社員にとって重要なイベントの1つである。それだけに候補者のエントリー，審査，決定には厳格さを求め，「思いやり」を排除しなくてはならない。特に昇格審査のエントリーは，機会の平等を担保することを念頭に置いた。配属先や上司の違いで差が出ることは避けたかったからであ

る。このため，在籍等級の経過年数や直近の人事評価，必要な資格等を原則ポイント化し，その累積ポイントで昇格エントリーが可能な仕組みとした。

特に重視したのが，直近の人事評価である。上司がエントリー基準を無視して特例を申請する場合，年功もあるが「直近で能力の伸びが著しい社員」であることは多い。直近とは過去3年分を想定しているが，さらにポイントの傾斜配分を設計中である。例えば，3年前の評価には1.0を乗じる。2年前の評価には1.2を乗じる。1年前の評価には1.4を乗じるイメージである。尻上がりに評価を高めている伸び盛りの社員を厚遇しようとする試みである。勢いのある社員を特例で引き上げるのではなく，公正なルールのもとで処遇するのだ。もちろん異動があると慣れるまでの時間も必要である。こうした場合の配慮も含めて詳細のルールの設計を行っている。

企業の持続的な成長には，社員の持続的な成長が不可欠である。自発的な成長や仕事への挑戦を促すため，人事総務部は巧みな仕かけにチャレンジしている。

(3) 定年延長

「久世で長く働いてほしい」，それは久世社長の切なる願いでもある。また，社員インタビューでも，久世で働き続けたいという回答が多数あった。人生100年といわれる時代，「長く働く」のゴールをどのように置くか。公的年金は65歳からの支給開始であるが，今後さらに引き上げられる可能性もある。法定の定年年齢や継続雇用すべき期間も引き上がっていくだろう。議論の方向性として，今回の制度改定では，一足飛びに定年延長を行うのではなく，まず60歳までの制度改定をしっかりとやり遂げ，次の段階では本格的な定年延長の検討を行うこととしている。

将来的には65歳定年，70歳まで再雇用というステップを踏み，その先は定年制が消滅する可能性もある。こうした想定も含めて，久世では真の多様性を実現すべく，制度改定と定着に邁進する計画である。

7 ｜ 最後に

　久世の人事制度改革は，現在進行中である。プロジェクト立ち上げ当初は2019年4月からの制度導入を目指していたが，「社員に関わる最も重要な制度であり，拙速に行うべきではない」との判断で，本格導入時期を遅らせている。

　目先で起こっている課題に対処するだけの制度設計であれば，導入時期を延長することなく進めることは可能であっただろう。しかし，社長が最も大切にする『全員参画型の経営』の実践のために，多くの社員へのインタビュー，2回にわたるワークショップを行い，さらに未来志向で議論を重ねていった。また，「頼れる食のパートナー」をこれからの時代にふさわしい内容に翻訳することにも取り組んだ。組織にとって何が優先順位であるかがはっきりしているからこそ取り得た「急がばまわれ」の判断である。

　具体的には，評価制度を2019年4月から試行運用し，並行して新制度への全従業員の格付け，新報酬の決定，退職金制度の改定と作業を進めている。久世の重要な転換点になるであろうプロジェクトに参画できたことは光栄であり，それ以上に久世のこれからの躍進を心から願うところである。

【参考文献・資料等】

- 『あなたの会社を強くするガバナンス・コード実践ガイドブック』大和総研，中央経済社2016年8月
- 『健康戦略の発想と着眼点』大和総研，中央経済社　2014年11月
- 『成果主義時代の給与・賞与・退職金の見直し方』柳澤大貴　かんき出版　2004年2月
- 『女性活躍の教科書』麓　幸子　日経BP社　2016年4月
- 『シニア人材という希望』中原千明　幻冬舎　2017年5月
- 『これからはじめる在宅勤務制度』毎熊典子　中央経済社　2018年7月
- 『AI化する銀行』長谷川貴博　幻冬舎　2017年12月
- 『フィンテック革命の衝撃』藤田　勉　平凡社　2017年4月
- 『第3版　予防・解決　職場のパワハラセクハラメンタルヘルス』水谷英夫　日本加除出版　2018年6月
- 「平成30年版情報通信白書」総務省　2018年
- 「テレワークではじめる働き方改革」厚生労働省　2016年
- 『職場におけるハラスメント防止ハンドブック』東京都産業労働局　2016年

おわりに

　本書は，『健康戦略の発想と着眼点』，『あなたの会社を強くするガバナンス・コード実践ガイドブック』（いずれも中央経済社）に続く第3弾である。今回は日々現場で奮闘する5名のコンサルタントが執筆にあたった。メンバーは自称『働き方改革の実践者』である。時短勤務や在宅勤務，フレックス勤務，直行直帰，移動中のコミュニケーション，スマホ活用等多様な働き方を実践し，労働時間を短縮し成果を最大化しようと挑戦を続けている。打ち上げ花火ではなく，継続し習慣化することがゴールである。実践者でない者が顧客企業に助言するなどもってのほかという信念があるからだ。

　幸いなことに，私たちは素晴らしい顧客企業と中身の濃いプロジェクトを推進させていただいている。私たちの強みの源泉は，このプロジェクトの中にある。ときには顧客からの難しい課題に社内で激論を交わすこともある。しかし，時間が過ぎればすべては知的財産の蓄積になる。大切にしていることは，「自分がその会社の従業員だったら」という感覚である。発案者がワクワクしない提案を行うことは戒めている。例えば，「全体としては成果主義を目指すが，特定の職種や一定の等級までは年功主義も認める」という解決策もあり得る。こうした地味な活動の結果，10年超えでお付き合いいただいている企業があることは感謝の一言に尽きる。本書の内容が読者諸氏の企業変革のきっかけや，ヒントになっていただければと願うところである。

　執筆にあたり，快諾をいただいた中央経済社取締役常務の杉原茂樹様には，この場を借りて厚く御礼を申し上げる。また，執筆作業にあたり，勤務時間の調整や原稿への助言をいただいたコンサルティング第一部の橋本直彦部長に感謝申し上げる。最後に，事例紹介に登場いただいた企業の皆様，これまで私たちを指名していただいたすべての企業の皆様に感謝申し上げる。

コンサルティング第一部

柳澤　大貴

《執筆者紹介》

宮﨑　美琴（みやざき　みこと）第1章

株式会社大和総研　コンサルティング第一部　課長代理　コンサルタント
早稲田大学大学院先進理工学研究科修了。2014年大和総研入社。金融，メーカー，エネルギー，小売・卸売業等の人事戦略・人事制度策定支援に従事。IPO前企業の人事制度設計も経験。評価者研修や中長期ビジョン・経営計画策定支援，地方創生に関する受託調査，非上場企業の株価算定等幅広い業務に携わる。

大村　岳雄（おおむら　たけお）第2章

株式会社大和総研　コンサルティング本部　担当部長　主席コンサルタント
慶應義塾大学大学院理工学研究科修了。1988年大和証券入社，大和証券経済研究所出向，現在に至る。上場企業のガバナンス，リスク管理等に関するコンサルティング，官庁受託調査に携わる。幅広い世代とのコミュニケーションを活かしたコンサルティング，企業向け講師も得意とする。日本証券アナリスト協会検定会員。

柳澤　大貴（やなぎさわ　ひろたか）第3章　第6章

株式会社大和総研　コンサルティング第一部　副部長　主任コンサルタント
北海道大学水産学部卒。メーカー，銀行系シンクタンクを経て1990年大和総研入社。経営戦略の実現に資する人事戦略の策定および制度設計に携わる。インタビューを通じて企業の課題と従業員の本音を引き出し，最適なソリューションを設計することが得意。中小企業診断士。

増田　幹郎（ますだ　みきお）第4章

株式会社大和総研　コンサルティング第一部　次長　主任コンサルタント
早稲田大学教育学部卒。鉄鋼製品業界団体，情報技術系ベンチャー企業を経て，2002年大和総研入社。企業年金・退職金制度，健康保険組合対応を中心とした人事制度の見直し，株式を活用したインセンティブ・プランの設計・導入，役員報酬の再構築等のコンサルティングをはじめ，企業の各種処遇制度に幅広く対応。社会保険労務士。ファイナンシャル・プランナー。

廣川　明子（ひろかわ　あきこ）**第5章　第6章**

株式会社大和総研　コンサルティング第一部　副部長　主任コンサルタント
千葉大学法経学部法学科卒。事業会社2社にて経営企画，人事制度改定・人材開発・社内広報等に従事後，2007年大和総研入社。実務経験を活かした「従業員に理解されて，従業員が変わり，社内で確実に運用できる」人事制度構築支援が強み。社会保険労務士。

大泉　幸子（おおいずみ　さちこ）**構成・デザイン**

株式会社大和総研　コンサルティング第一部　アシスタント
早稲田大学第一文学部卒。SAP社ERPシステムのプログラミングに従事。2008年より大和総研にてアシスタント。現在は，企業財務分析を中心とした各種データ分析を主に担当。

【編者紹介】

大和総研「コンサルティング本部」は証券系シンクタンクとして培われた深い洞察力と高度なリサーチスキル，並びに実践的な課題解決に向けたソリューション力を駆使し，経営戦略の策定支援から実行支援に至るワンストップサービスの提供に努めております。

国民生活に大きく影響を与える政策判断の背景となる官公庁からの受託調査案件や昨今のM&Aやグローバル化を背景とするグループ経営・組織運営の高度化に備えた経営戦略の策定支援から組織・人事への具現化に向けた実行支援に至る企業向けコンサルティング案件等，わが国の成長戦略への貢献に日々力を発揮しております。

この働き方改革が企業と従業員を変える
ぜひ取り組みたくなる成功の3ヵ条

2019年7月1日　第1版第1刷発行
2025年6月1日　第1版第6刷発行

編　者	大和総研 コンサルティング本部
発行者	山　本　　　継
発行所	㈱中央経済社
発売元	㈱中央経済グループ パブリッシング

〒101-0051　東京都千代田区神田神保町1-35
電話　03 (3293) 3371 （編集代表）
　　　03 (3293) 3381 （営業代表）
https://www.chuokeizai.co.jp
印刷／昭和情報プロセス㈱
製本／㈲井上製本所

©2019
Printed in Japan

＊頁の「欠落」や「順序違い」などがありましたらお取り替えいたしますので発売元までご送付ください。（送料小社負担）

ISBN978-4-502-31651-7　C3034

JCOPY〈出版者著作権管理機構委託出版物〉本書を無断で複写複製（コピー）することは，著作権法上の例外を除き，禁じられています。本書をコピーされる場合は事前に出版者著作権管理機構（JCOPY）の許諾を受けてください。
JCOPY〈https://www.jcopy.or.jp　eメール：info@jcopy.or.jp〉